오정현 다락방 시리즈 16

소 그 룹 성 경 공 부 교 재

언제든지 다시 시작할 수 있다

회복을 넘어 부흥으로

열정의 비전 메이커 오정현 목사는
'한 사람을 그리스도 안에서 온전한 제자로 세우는 제자훈련'을 목회철학으로 삼고
'제자훈련의 국제화'와 '피 흘림이 없는 복음적 평화통일',
그리고 '통일세대를 위한 신앙인재 양성'을 위해 쉬지 않고 달려가고 있다.
현재 사랑의교회 담임목사이다.

※ 각 과에 있는 큐알 코드를 스캔하시면 〈3분 미라클〉을 보실 수 있습니다.

언제든지 다시 시작할 수 있다

오정현 지음

MOVING BEYOND RESTORATION INTO
REVIVAL

회복을 넘어 부흥으로

국제제자훈련원

소그룹 성경 공부
교재 사용에 대하여

제자훈련의 열매는 훈련된 평신도 지도자들이 사역하는 소그룹(구역, 다락방, 셀, 목장)이라 할 수 있다. 소그룹이란 성도 간에 아름다운 사랑의 교제를 나누며, 말씀 안에서 영적으로 성숙해가도록 서로 돕고, 믿지 않는 사람들을 초청하여 복음을 나누는 작은 단위의 공동체이다. 소그룹은 하나님의 말씀에 기초한다. 그러므로 각자의 삶을 드러낼 수 있도록 돕고, 변화되어야 할 삶의 목표를 분명하게 제시할 수 있는 좋은 교재가 마련되면 소그룹을 운영하는 데 큰 도움을 얻는다. 그러나 분주한 목회자의 입장에서는 직접 교재를 만든다는 것이 그리 쉬운 일이 아니다. 이런 어려움을 해결할 수 있도록 돕기 위해 마련된 것이 '오정현 다락방 시리즈'이다.

본 시리즈를 사용하는 데 있어 다음 몇 가지를 참고하기 바란다.

1 이 교재는 소그룹에서 귀납적인 방법으로 성경을 공부하기 위해 만든 것이다. 즉, 성경의 가르침을 일방적으로 주입하는 대신 충분한 토의를 통해 구성원들의 생각을 먼저 정리하고 그것을 성경의 가르침과 비교하도록 구성되어 있다. 결코 정답 베껴 쓰기식의 공부가 되지 않도록 해야 한다. 서툴더라도 자기 인식과 활발한 토의 참여로 생생한 결론이 나올 수 있도록 해야 한다. 따라서 지도자는 소그룹 환경에서 귀납적 방법으로 성경을 공부하는 것이 무엇인지를 반드시 먼저 배워야 한다.

2 이 교재는 교역자가 매주 소그룹 지도자들을 먼저 예습시킨 다음 사용하게 해야 바람직한 효과를 기대할 수 있다. 소그룹 지도자가 공부할 내용을 충분히 이해해야 한다. 그냥 교재만 던져주고 마음대로 사용하게 하는 것은 좋지 않다.

3 소그룹에 참석하는 구성원은 반드시 예습을 해오도록 권장한다.

4 한 과를 공부하는 데에는 한 시간 이상이 필요하다. 그러므로 각 문제에 따라 답만 찾아보고 넘어가야 할 것과 충분한 토의를 통해 진지하게 적용할 것을 잘 구별해서 진행한다.

머리말

다락방 교재를 다룰 때 마음에 담아야 할 것이 있습니다. 우리는 왜 다락방 모임을 할까요? 너무도 신앙 상식적인 질문이지만 여기에는 보다 깊은 의미와 의도가 있습니다. 다락방은 세상에서는 가질 수 없는 영적 변화와 교제의 산실입니다. 그런데 매주 다락방 모임을 하다 보면 자칫 교제 중심으로만 흐를 수 있습니다. 우리는 다락방에서의 교제가 말씀의 터 위에서, 말씀 속에서 그리고 말씀을 통한 교제라는 사실을 한시라도 놓쳐서는 안 됩니다. 말씀의 방벽이 희미해지면 그 틈 사이로 세상의 소리가 들어오고 심지어 세속적 이해관계가 불쑥 몰골을 드러내게 됩니다.

사실 강단에서의 설교를 서너 문제로 압축해서 만드는 것은 섬세하고 치밀한 애씀이 요구됩니다. 이런 가운데 저자로서 깊이 생각하는 것이 있습니다. 어떻게 하면 다락방에 참여하는 순장과 순원들이 성경 전체의 맥락 속에서 문제를 풀 수 있을까? 어떻게 하면 주어진 문제를 복음의 큰 그림 속에서 보게 함으로 하나님의 심정을 느끼고 각성케 할 수 있을까? 이런 이유로 하나의 문제에서 신구약 전체를 아우르는 여러 구절을 찾아서 풀어야 하는 수고가 수반되기도 합니다. 그럴 때마다, 지금 말씀의 큰 그림 속으로 들어가 복음의 퍼즐을 맞추는 거룩한 흥분에 사로잡힐 수 있기를 바랍니다.

"회복을 넘어 부흥으로" 말씀 시리즈에 기초한 이번 다락방 교재는 성도 개인은 물론 한국 교회사적으로도 깊은 의미가 있습니다. 몇 년간의 전 세계적인 코로나 팬데믹을 지나면서 교회 전체가 위축되는 어려움을 겪는 와중에 어느 때보다도 복음의 능력에 붙들린 회복이 절실했고, 나아가 이전보다 더 큰 부흥을 사모함으로 말씀 준비에 전력투구하였습니다.

이 책을 나누는 다락방마다 언제, 어디서나 어떤 상황 속에서도 다시 시작하는 하나님의 신묘막측한 은혜로 활력이 넘치고, 그 능력으로 일어서는 영적 칠전팔기의 경험이 넘쳐나기를 바랍니다.

주후 2024년 2월 25일
주 안에서 따뜻이
오정현 목사 오정현

나와 씨름해 주시는 하나님

창세기 32:9-32

9 야곱이 또 이르되 내 조부 아브라함의 하나님, 내 아버지 이삭의 하나님 여호와여 주께서 전에 내게 명하시기를 네 고향, 네 족속에게로 돌아가라 내가 네게 은혜를 베풀리라 하셨나이다

10 나는 주께서 주의 종에게 베푸신 모든 은총과 모든 진실하심을 조금도 감당할 수 없사오나 내가 내 지팡이만 가지고 이 요단을 건넜더니 지금은 두 떼나 이루었나이다

11 내가 주께 간구하오니 내 형의 손에서, 에서의 손에서 나를 건져내시옵소서 내가 그를 두려워함은 그가 와서 나와 내 처자들을 칠까 겁이 나기 때문이니이다

12 주께서 말씀하시기를 내가 반드시 네게 은혜를 베풀어 네 씨로 바다의 셀 수 없는 모래와 같이 많게 하리라 하셨나이다

13 야곱이 거기서 밤을 지내고 그 소유 중에서 형 에서를 위하여 예물을 택하니

14 암염소가 이백이요 숫염소가 이십이요 암양이 이백이요 숫양이 이십이요

15 젖 나는 낙타 삼십과 그 새끼요 암소가 사십이요 황소가 열이요 암나귀가 이십이요 그 새끼 나귀가 열이라

16 그것을 각각 떼로 나누어 종들의 손에 맡기고 그의 종에게 이르되 나보다 앞서 건너가서 각 떼로 거리를 두게 하라 하고

17 그가 또 앞선 자에게 명령하여 이르되 내 형 에서가 너를 만나 묻기를 네가 누구의 사람이며 어디로 가느냐 네 앞의 것은 누구의 것이냐 하거든

18 대답하기를 주의 종 야곱의 것이요 자기 주 에서에게로 보내는 예물이오며 야곱도 우리 뒤에 있나이다 하라 하고

19 그 둘째와 셋째와 각 떼를 따라가는 자에게 명령하여 이르되 너희도 에서를 만나거든 곧 이같이 그에게 말하고

20 또 너희는 말하기를 주의 종 야곱이 우리 뒤에 있다 하라 하니 이는 야곱이 말하기를 내가 내 앞에 보내는 예물로 형의 감정을 푼 후에 대면하면 형이 혹시 나를 받아 주리라 함이었더라

21 그 예물은 그에 앞서 보내고 그는 무리 가운데서 밤을 지내다가

22 밤에 일어나 두 아내와 두 여종과 열한 아들을 인도하여 얍복 나루를 건널새

23 그들을 인도하여 시내를 건너가게 하며 그의 소유도 건너가게 하고

24 야곱은 홀로 남았더니 어떤 사람이 날이 새도록 야곱과 씨름하다가

25 자기가 야곱을 이기지 못함을 보고 그가 야곱의 허벅지 관절을 치매 야곱의 허벅지 관절이 그 사람과 씨름할 때에 어긋났더라

26 그가 이르되 날이 새려하니 나로 가게 하라 야곱이 이르되 당신이 내게 축복하지 아니하면 가게 하지 아니하겠나이다

27 그 사람이 그에게 이르되 네 이름이 무엇이냐 그가 이르되 야곱이니이다

28 그가 이르되 네 이름을 다시는 야곱이라 부를 것이 아니요 이스라엘이라 부를 것이니 이는 네가 하나님과 및 사람들과 겨루어 이겼음이니라

29 야곱이 청하여 이르되 당신의 이름을 알려주소서 그 사람이 이르되 어찌하여 내 이름을 묻느냐 하고 거기서 야곱에게 축복한지라

30 그러므로 야곱이 그 곳 이름을 브니엘이라 하였으니 그가 이르기를 내가 하나님과 대면하여 보았으나 내 생명이 보전되었다 함이더라

31 그가 브니엘을 지날 때에 해가 돋았고 그의 허벅다리로 말미암아 절었더라

32 그 사람이 야곱의 허벅지 관절에 있는 둔부의 힘줄을 쳤으므로 이스라엘 사람들이 지금까지 허벅지 관절에 있는 둔부의 힘줄을 먹지 아니하더라

마음의 문을 열며

"그리스도인으로서 나의 생애에 한 번은 부흥을 경험하게 하소서." '참된 부흥'은 신앙인이 갖는 한결같은 꿈이요 간절한 열망입니다. 진정한 부흥의 첫걸음은 '회복'입니다. 확실한 회복의 토대 위에서만 능력의 실체를 가진 부흥을 경험할 수 있습니다.

오늘 말씀 속에서 우리는 야곱이 인생의 고통과 염려의 밤을 하나님과 씨름하면서 어떻게 회복을 이루는지 보게 될 것입니다. 거친 세상살이로 상처입고 신음하는 모든 심령들이 인생의 얍복 강가에서 하나님을 만나 참된 회복의 문으로 들어가는 시간이 되기를 바랍니다.

말씀의 씨를 뿌리며

1 고향으로 돌아가는 야곱은 얍복 강가에서 큰 두려움 속에 기도하고 있습니다. 그런데 이 기도는 그가 20여 년 전, 고향에서 도망칠 때 드렸던 기도와는 많은 차이를 보이고 있습니다. 다음 구절 속에서 두 기도의 차이점을 찾아보세요.

- 창 28:20-22

- 9-12절

2 야곱의 기도는 우리가 모범으로 삼을 정도로 그 내용이 훌륭했습니다. 그러나 기도 이후 야곱의 행동은 그가 여전히 하나님을 전적으로 의지하지 못하고 있음을 보여줍니다. 다음 구절 속에 나타나는 야곱의 모습을 살펴보고, 그의 철저한 전략이 회복에 긍정적인 영향을 주었는지 말해보세요.

· 13절

· 창 33:4, 8

3 야곱의 회복은 인간적인 철저한 계산이나 계획에 달려 있지 않았습니다. 야곱이 회복의 문으로 들어가게 된 결정적인 이유는 무엇입니까?

· 24절

· 30절

· 호 12:3-4

4 그리스도인의 회복은 자신이 의지하는 것을 깨뜨리고 하나님께 전적으로 의탁하는 것에서 시작합니다. 다음 글을 읽고 하나님을 의지하는 것이 진정 어떤 의미인지를 묵상해보세요.

> 야곱이 받은 진정한 복은 허벅지 관절(환도뼈)이 위골됨으로써 진정한 능력을 가지게 된 것입니다. 지금까지 야곱은 자신의 머리와 세상적인 처세술로 승승장구했습니다. 그런데 이제는 환도뼈가 어긋남으로 지팡이를 의지하며 사는 사람이 되었습니다. 지금까지 경쟁과 투쟁으로 자신의 입지를 구축했던 야곱은, 전적으로 하나님만 의지할 수 밖에 없게 되었습니다(히 11:21). 환도뼈가 위골됨으로써, 그는 목숨이 위태로운 상황에서도 도망칠 수 없는 속수무책의 상태, 인간적인 처세나 지혜가 아무런 힘을 발휘하지 못하는 상태, 육신적으로 홀로 설 수 없는 상태가 되었습니다. 그러나 이것은 오히려 그를 하나님만 의지하게 했습니다. 한마디로 야곱에게 영적 전화위복이 된 것입니다.
>
> 세상적 관점에서 다리를 절고 지팡이를 의지한다는 것은 약함의 상징이지만 이제 야곱은 하나님을 바라보게 하는 지팡이 즉, 하나님의 지팡이를 의지하게 되었습니다. 야곱은 지팡이를 의지하지 않으면 살 수 없는 깨어진 존재가 되었고, 그 깨어짐을 통해 하나님의 지팡이를 의지해 살아가는 은총의 사람이 된 것입니다.

5 성경 기자는 야곱의 회복을 "그가 브니엘을 지날 때에 해가 돋았다"라고 상징적으로 표현했습니다(31절). 브니엘을 지날 때 해가 돋았다는 것은 야곱이 하나님을 만남으로 그에게 새로운 삶이 열렸음을 의미합니다. 당신에게는 인생의 브니엘을 지날 때 해가 돋은 경험이 있습니까? 어떻게 하면 우리 삶에도 해가 돋는 회복의 시작이 가능할까요? 이를 위해 당신이 결심한 바를 나누어보세요.

삶의 열매를 거두며

우리 인생에서 야곱처럼 더 이상 자신을 의지할 수 없는 절대 절망의 순간은 오히려 인생의 새로운 해가 뜨는 복된 시간이요 다른 사람을 축복하는 시간이 될 수 있습니다. 우리 안에 있는 내 고집과 내 주장을 주님 앞에 모두 내려놓고 하나님만을 의지함으로 참된 회복을 경험할 수 있도록 성령님의 도우심을 구하는 기도를 드립시다.

잃어버린 십 년, 이렇게 회복합시다

창세기 35:1-15

1 하나님이 야곱에게 이르시되 일어나 벧엘로 올라가서 거기 거주하며 네가 네 형 에서의 낯을 피하여 도망하던 때에 네게 나타났던 하나님께 거기서 제단을 쌓으라 하신지라

2 야곱이 이에 자기 집안 사람과 자기와 함께한 모든 자에게 이르되 너희 중에 있는 이방 신상들을 버리고 자신을 정결하게 하고 너희들의 의복을 바꾸어 입으라

3 우리가 일어나 벧엘로 올라가자 내 환난 날에 내게 응답하시며 내가 가는 길에서 나와 함께하신 하나님께 내가 거기서 제단을 쌓으려 하노라 하매

4 그들이 자기 손에 있는 모든 이방 신상들과 자기 귀에 있는 귀고리들을 야곱에게 주는지라 야곱이 그것들을 세겜 근처 상수리나무 아래에 묻고

5 그들이 떠났으나 하나님이 그 사면 고을들로 크게 두려워하게 하셨으므로 야곱의 아들들을 추격하는 자가 없었더라

6 야곱과 그와 함께 한 모든 사람이 가나안 땅 루스 곧 벧엘에 이르고

7 그가 거기서 제단을 쌓고 그 곳을 엘벧엘이라 불렀으니 이는 그의 형의 낯을 피할 때에 하나님이 거기서 그에게 나타나셨음이더라

8 리브가의 유모 드보라가 죽으매 그를 벧엘 아래에 있는 상수리나무 밑에 장사하고 그 나무 이름을 알론바굿이라 불렀더라

9 야곱이 밧단아람에서 돌아오매 하나님이 다시 야곱에게 나타나사 그에게 복을 주시고

10 하나님이 그에게 이르시되 네 이름이 야곱이지마는 네 이름을 다시는 야곱이라 부르지 않겠고 이스라엘이 네 이름이 되리라 하시고 그가 그의 이름을 이스라엘이라 부르시고

11 하나님이 그에게 이르시되 나는 전능한 하나님이라 생육하며 번성하라 한 백성과 백성들의 총회가 네게서 나오고 왕들이 네 허리에서 나오리라

12 내가 아브라함과 이삭에게 준 땅을 네게 주고 내가 네 후손에게도 그 땅을 주리라 하시고

13 하나님이 그와 말씀하시던 곳에서 그를 떠나 올라가시는지라

14 야곱이 하나님이 자기와 말씀하시던 곳에 기둥 곧 돌 기둥을 세우고 그 위에 전제물을 붓고 또 그 위에 기름을 붓고

15 하나님이 자기와 말씀하시던 곳의 이름을 벧엘이라 불렀더라

마음의 문을 열며

당신의 인생에서 지우고 싶은 페이지가 있습니까? 이 질문에 "결코 없다" 라고 단호하게 고개를 젓는 사람이 얼마나 있을까요? 돌아보면, 지우고 싶은 시간은 가지 말아야 하는 장소와 밀접하게 연관되어 있습니다.

야곱은 가서는 안 되는 곳으로 가고 그곳에 머무름으로, 잃어버린 십여 년의 시간을 겪었습니다. 그러나 하나님은 과거에 매여 있는 하나님의 자녀를 은혜의 자리로 불러 후회의 덫에서 벗어나게 하시고, 더 큰 회복의 복을 주십니다.

오늘 말씀 속에서 환난 날의 야곱을 은혜의 장소로 이끄심으로 다시 살아갈 소망을 주신 하나님을 만나게 될 것입니다. 말씀을 나누는 가운데 인생에서 지우고 싶은 페이지를 감사의 날로 채우는 복된 시간이 되기를 바랍니다.

말씀의 씨를 뿌리며

1 세겜에서 겪은 비극적 사건으로 망연자실하며 두려움에 사로잡힌 야곱에게 하나님께서 무엇을 명령하셨는지 말해보세요.

- 1절

- 3절

2 벧엘은 이전에 야곱이 도망하던 길에서 하나님을 만난 곳입니다. 그곳은 야곱에게 은혜의 장소요 약속의 장소이며, 회복의 장소였습니다. 그러나 그저 물리적인 장소의 변화로만 회복이 일어나지 않습니다. '엘벧엘'에서만 진정한 회복이 있습니다. 벧엘이 엘벧엘이 되는 데 있어 야곱이 선행적으로 했던 것은 무엇입니까?

- 2절

- 4절

3 야곱은 오랜 기간 세겜에서 거주하다가 하나님의 명령으로 벧엘로 올라 갔지만, 성경은 '세겜'이 아니라 '밧단아람'에서 돌아왔다고 기록합니다 (9절). 성경 기자가 이렇게 쓴 의도는 무엇이며, 이 표현이 야곱의 삶에서 의미하는 바는 무엇일까요? 다음 구절을 통해 살펴보세요.

- 창 28:2

- 창 31:17-18

- 창 28:20-22

4 참된 부흥은 우리 안에 있는 가나안 문화, 우상숭배를 처리하는 것에서 부터 시작합니다. 다음 글을 읽고 이에 대해서 묵상해보세요.

벧엘은 야곱이 형 에서를 피해 도망가던 중 하나님을 만난 곳입니다. 야곱은 그곳에서 하늘에 닿은 사닥다리 위에 서신 여호와 하나님으로부터 "땅의 모든 족속이 너와 네 자손으로 말미암아 복을 받으리라"(창 28:14)라는 언약을 받았습니다. 사사시대에 여호와의 법궤가 보관되어 있던 곳도 벧엘이었습니다. 벧엘은 은혜의 장소요, 회복의 장소요, 부흥의 장소였습니다.

그런데 솔로몬 왕 이후 이스라엘이 남 유다와 북 이스라엘로 나눠졌을 때, 북 왕국의 첫 번째 왕 여로보암으로 인해 벧엘은 예루살렘 성전을 대신하여 제단을 쌓은 우상숭배의 장소가 되었습니다. 그후 250여 년동안 벧엘은 우상숭배의 중심지였습니다. 그래서 예레미야 선지자와 아모스 선지자는 이 지역을 정죄했고, 호세아 선지자는 이곳을 우상들의 집을 의미하는 '벧아웬'이라고 불렀습니다(호 10:5, 8).

하나님의 집 벧엘이 가나안 문화, 세속문화의 온상인 우상들의 집 벧아웬으로 바뀐 것입니다. 한때는 하나님의 영광이 충만했던 곳이 우상들의 집으로 변질되는 비극이 일어난 것입니다.

5 그리스도인이 신앙의 길에서 이탈했을 때, 다시 회복되는 최고의 비결 중의 하나는 야곱처럼 은혜의 장소로 올라가는 것입니다.
당신이 은혜를 경험했던 곳을 생각해보고, 지금 벧엘로 올라가는 것을 막는 구습이나 행동은 없는지 진솔하게 이야기해 봅시다.

삶의 열매를 거두며

하나님께서는 야곱이 10여 년 동안 하나님과 맺은 서원을 잊은 실패에도 불구하고 신실하게 그를 인도하셨습니다. 그 하나님께서 나의 환난 날에도 응답하시고 내 인생에 부흥의 길을 열어 주시도록 성령님의 도우심을 구하는 기도를 드립시다.

부흥을 잉태하는 마음

창세기 | 43:12-15, 45:27-28

43:12 너희 손에 갑절의 돈을 가지고 너희 자루 아귀에 도로 넣어져 있던 그 돈을 다시 가지고 가라 혹 잘못이 있었을까 두렵도다

13 네 아우도 데리고 떠나 다시 그 사람에게로 가라

14 전능하신 하나님께서 그 사람 앞에서 너희에게 은혜를 베푸사 그 사람으로 너희 다른 형제와 베냐민을 돌려보내게 하시기를 원하노라 내가 자식을 잃게 되면 잃으리로다

15 그 형제들이 예물을 마련하고 갑절의 돈을 자기들의 손에 가지고 베냐민을 데리고 애굽에 내려가서 요셉 앞에 서니라

45:27 그들이 또 요셉이 자기들에게 부탁한 모든 말로 그에게 말하매 그들의 아버지 야곱은 요셉이 자기를 태우려고 보낸 수레를 보고서야 기운이 소생한지라

28 이스라엘이 이르되 족하도다 내 아들 요셉이 지금까지 살아 있으니 내가 죽기 전에 가서 그를 보리라 하니라

마음의 문을 열며

신앙의 진면목은 인생이 사면초가에 갇히고 삶의 절벽에 부딪힐 때 드러납니다. 인생의 위기를 만날 때 믿지 않는 사람들은 보이는 것을 의지하지만, 그리스도인은 하나님만 향하게 됩니다(시 118:8-9). 그러나 적지 않은 신자들에게 이것은 신앙지식으로만 그치고 있습니다.

어떻게 하면 성경의 진리가 차가운 머리가 아닌 뜨거운 가슴에서 뿜어져 나오는 거룩한 영적 본능으로 작동할 수 있을까요?

오늘 우리는 절망적인 상황이 오히려 한 사람을 더 위대한 삶의 절정으로 이끄는 하늘의 비밀을 보게 될 것입니다. 말씀 속에서 지금 내가 겪고 있는 인생의 어떤 곤경도 하나님께서 예비하신 더 풍성하고 복된 삶으로 들어가는 통로가 됨을 목도하고, 내 것으로 삼는 시간이 되기를 바랍니다.

말씀의 씨를 뿌리며

1 야곱의 인생 여정에서 그의 삶을 새로운 단계로 올려놓는 고백은 무엇
인지 찾아보고, 야곱이 이렇게 말한 배경을 말해보세요.

- 14절

- 창 44:30a

2 야곱은 자기 생명처럼 아끼던 아들에 대해서 "잃게 되면 잃으리로다"라
고 고백했습니다. 이것은 벼랑끝 한계 상황에서 하는 자포자기가 아니
라, 자신의 힘을 완전히 빼고 하나님께 온전히 맡기는 절대적 신뢰와 결
단의 표시입니다. 야곱이 하나님께 그의 인생을 전적위탁하도록 이끈
것은 무엇인지, 하나님에 대해 야곱이 사용한 호칭에서 찾아보세요. 이
러한 야곱의 각성이 중요한 이유는 무엇입니까?(참고. 창 35:11)

- 14절

3 성경은 야곱이 자녀를 하나님께 완전히 맡겼을 때, 하나님께서 자녀를 책임지고 계심을 보여줍니다. 다음 성경구절에서 이 사실을 살펴보고, 특히 요셉을 향한 야곱의 유언적 축복을 보면서 부모가 자녀에게 할 수 있는 가장 중요한 것이 무엇인지 이야기해보세요.

- 창 45:28

- 창 46:30

- 창 49:22

4 하나님은 우리 각 개인을 향한 하나님의 뜻을 이루어 가실 때, 우리 힘을 완전히 빼고 하나님께 전적으로 의탁하게 하십니다. 다음 글을 읽고 이 사실을 묵상해보세요.

> 기독교와 심리학을 하나님의 창조 관점에서 통합했던 폴 투르니에(Paul Tournier)는 '인격 의학'을 주창하면서 의료 활동과 저술을 통해 세계 의학계와 상담학계에 큰 영향을 끼쳤습니다. 그는 어릴 때부터 기독교 신앙을 가졌지만, 그의 삶을 회심만큼이나 새로운 차원으로 바꾸게 된 사건이 있었습니다. "30년 전 어느 날 나는 나를 바꾸는 새로운 발걸음을 내디뎠다. 그때까지 나의 신앙은 지적인 면이 강했다. 하나님과 그리스도 그리고 인간과 인간의 영적이고 도덕적인 생활에 관한 지적인 면을 중시하는 사고 체계를 가지고 있었다. 나는 신앙에 또 다른 측면이 있음을 깨닫기 시작했다. 내 신앙에서 빠진 것은 내 뜻을 포기하고 매일 실제 삶에서 하나님의 주권을 인정하는 일이었다. 나는 제네바 근교의 숲으로 가서 나를 포기하는 기도를 드렸다. 내가 그날 하나님과 맺은 이 약속은 나의 인생길에서 모든 신앙의 굴곡에도 불구하고 지금까지 내 생의 다짐이 되었다."[*]
>
> 투르니에의 신앙이 크게 한 단계 올라가고, 그의 삶을 질적으로 완전히 바꾼 것은 그가 제네바 숲속에서 자신을 포기하는 기도를 드렸을 때부터였습니다. 이것을 투르니에는 '하나님께 전적 의탁'이라고 부릅니다.

[*]폴 투르니에, 《모험으로 사는 인생》, IVP.

5 야곱은 생명처럼 아끼는 베냐민을 하나님께 완전히 위탁함으로써 그의 인생길에 새로운 차원의 복된 지평(地坪)이 열렸습니다. 이를 통해 야곱의 편애가 고쳐지고, 베냐민과 요셉의 형제들이 모두 살게 되었습니다. 이처럼 전적 위탁을 통해 자신은 물론 가족과 이웃이 함께 살아나는 것이 하나님께서 우리에게 주시는 참된 부흥입니다.

지금 우리가 생명처럼 아끼는 것은 무엇인지 생각해보고, 이것조차 하나님께 맡기기 위해서 요구되는 것은 무엇인지 나눠보세요.

삶의 열매를 거두며

많은 그리스도인의 삶이 단조롭고 심지어 생기마저 잃어버린 영적 권태에 빠지는 이유가 무엇입니까? 세상을 향한 갈증, 욕심, 염려로 인생의 운전대를 자신이 붙잡고 하나님께 맡기지 않기 때문입니다. 자신이 중요하다고 여기고 움켜쥐고 있는 것을 내려놓고, 야곱처럼 "잃게 되면 잃으리로다"라는 전적 위탁의 마음을 주시도록 성령님의 도우심을 구하는 기도를 드립시다.

memo

Lesson 4

부흥을 위한 마음 지킴이

사무엘하 7:12-16, 시편 116:12-14

사무엘하 7장

12 네 수한이 차서 네 조상들과 함께 누울 때에 내가 네 몸에서 날 네 씨를 네 뒤에 세워 그의 나라를 견고하게 하리라

13 그는 내 이름을 위하여 집을 건축할 것이요 나는 그의 나라 왕위를 영원히 견고하게 하리라

14 나는 그에게 아버지가 되고 그는 내게 아들이 되리니 그가 만일 죄를 범하면 내가 사람의 매와 인생의 채찍으로 징계하려니와

15 내가 네 앞에서 물러나게 한 사울에게서 내 은총을 빼앗은 것처럼 그에게서 빼앗지는 아니하리라

16 네 집과 네 나라가 내 앞에서 영원히 보전되고 네 왕위가 영원히 견고하리라 하셨다 하라

시편 116편

12 내게 주신 모든 은혜를 내가 여호와께 무엇으로 보답할까

13 내가 구원의 잔을 들고 여호와의 이름을 부르며

14 여호와의 모든 백성 앞에서 나는 나의 서원을 여호와께 갚으리로다

마음의 문을 열며

성경에서 가장 파란만장한 삶을 살았던 인물을 꼽는다면 다윗을 들 수 있습니다. 그는 오랜 세월 정치망명을 다니면서 갖가지 수모를 당했으며, 참혹한 가정사를 겪었습니다. 그럼에도 다윗은 젖 뗀 아이의 평온함을 가졌습니다 (시 131:2).

어떻게 하면 우리도 다윗처럼 인생의 온갖 풍상 가운데서도 하나님께서 주시는 평안함을 유지할 수 있을까요? 말씀 속에서 우리의 영혼을 샬롬으로 이끄는 근원을 살펴보고, 그리스도인만이 누릴 수 있는 평안을 심령에 장착하는 시간이 되기를 바랍니다.

말씀의 씨를 뿌리며

1 다윗이 인생의 풍상(風霜)과 삶의 내우외환(外憂內患)에도 자신의 마음을 지킬 수 있었던 비결은 하나님께서 주신 약속의 말씀을 끝까지 바라보았기 때문입니다. 다윗이 일평생 굳게 붙잡았던 약속의 말씀은 무엇입니까?

- 12절

- 16절

2 성경은 다윗이 언약궤를 예루살렘으로 옮긴 이후, "여호와께서 주위의 모든 원수를 무찌르사 왕으로 평안히 살게 하셨다"라고 기록합니다(삼하 7:1). 국가적으로는 태평성대요, 개인적으로는 인생의 전성기라고 할 수 있습니다. 이처럼 평안할 때에도 다윗이 자신을 지킬 수 있었던 비결은 무엇이었는지 다음 성경구절을 찾아보고 이야기해보세요.

- 삼하 7:2

- 신명기 12:10-11

- 시 116:12

3 삶의 안팎에서 쏟아지는 적의 어떠한 공격으로부터도 마음의 평안을 지키게 하는 두 기둥은 약속의 말씀을 믿고 선제적으로 승리를 선포하는 것과 인생의 웅덩이 속에서도 감사를 선포하는 것입니다. 이와 더불어 그리스도인의 마음을 지키는 최고의 방책으로 무엇이 있는지 생각해보세요.

- 사 59:21

4 하나님의 은혜 그리고 그 은혜에 대한 감사는 혹독한 세상 속에서 우리를 지키며 우리의 심령을 안정과 평안으로 이끌어 줍니다. 다음 글을 읽고 이에 대해서 묵상해보세요.

톱레디(A. M. Toplady)는 우리의 심령을 늘 은혜에 머물게 하는 찬송가 494장 "만세반석 열리니"의 작사자입니다. 그의 찬송시 중에 "이슬같이 내리는 그의 은혜, 영혼을 구원의 방벽으로 기쁘게 둘러치네"라는 시구(詩句)가 있습니다.

새벽이 지나 아침이 되면 사방의 풀에 이슬이 맺힙니다. 메마른 땅에 내리는 이슬은 식물에 수분을 공급하는 원천입니다. 우리의 메마른 영혼에도 새벽마다 은혜의 이슬이 맺힙니다. 누구에게는 맺히고 누구에게는 맺히지 않는 것이 아닙니다. 그런데 영혼에 맺히는 이슬 같은 은혜는 그것을 맛보고 감사하는 자에게 구원의 방벽이 됩니다. 우리가 두려움, 비난과 모함으로 공격당할 때 우리를 더욱 하나님을 향하게 하며, "구원의 요새"(시 28:8)로 우리를 지켜줍니다.

우리에게 주시는 큰 은혜와 그에 대한 감사는 세상의 치열한 공격과 비난이 우리 영혼을 감싸는 구원의 방벽 사이로 비집고 들어올 수 없게 합니다.

5 당신의 마음에는 일평생 붙잡을 약속의 말씀이 새겨져 있습니까? 당신의 입술은 하나님의 은혜에 대한 감사를 끊임없이 읊조리고 있습니까? 당신의 삶에는 생명의 복음을 이웃과 나누는 경험이 있습니까?

이 질문들에 답해보고 그에 따라 누리는 평안의 수준을 생각해보세요. 그리고 오늘 배운 진리를 당신의 삶으로 경험하기 위한 결심을 나눠보세요.

삶의 열매를 거두며

"하나님은 약속의 말씀을 확고히 믿는 사람에게 막다른 골목도 길이 되게 하십니다." 약속의 말씀을 굳게 붙드는 사람에게는 인생의 막다른 골목이 은혜의 문이 되고 감사의 대로가 됩니다. 약속의 말씀을 흔들림 없는 영원한 기도제목으로 삼고, 인생의 웅덩이에서도 붙들어 주시는 넘치는 은혜에 대한 만만(滿滿) 감사로 삶의 기둥들을 세울 때, 우리는 어떤 상황에서도 평안을 누릴 수 있을 것입니다. 어떠한 경우에도 우리의 삶을 은혜와 감사로 구원의 방벽을 세울 수 있도록 성령님의 도우심을 구하는 기도를 드립시다.

memo

무엇이 부흥을 가능케 하는가?

사도행전 4:7-20

7 사도들을 가운데 세우고 묻되 너희가 무슨 권세와 누구의 이름으로 이 일을 행하였느냐

8 이에 베드로가 성령이 충만하여 이르되 백성의 관리들과 장로들아

9 만일 병자에게 행한 착한 일에 대하여 이 사람이 어떻게 구원을 받았느냐고 오늘 우리에게 질문한다면

10 너희와 모든 이스라엘 백성들은 알라 너희가 십자가에 못 박고 하나님이 죽은 자 가운데서 살리신 나사렛 예수 그리스도의 이름으로 이 사람이 건강하게 되어 너희 앞에 섰느니라

11 이 예수는 너희 건축자들의 버린 돌로서 집 모퉁이의 머릿돌이 되었느니라

12 다른 이로써는 구원을 받을 수 없나니 천하 사람 중에 구원을 받을 만한 다른 이름을 우리에게 주신 일이 없음이라 하였더라

13 그들이 베드로와 요한이 담대하게 말함을 보고 그들을 본래 학문 없는 범인으로 알았다가 이상히 여기며 또 전에 예수와 함께 있던 줄도 알고

14 또 병 나은 사람이 그들과 함께 서 있는 것을 보고 비난할 말이 없는지라

15 명하여 공회에서 나가라 하고 서로 의논하여 이르되

16 이 사람들을 어떻게 할까 그들로 말미암아 유명한 표적 나타난 것이 예루살렘에 사는 모든 사람에게 알려졌으니 우리도 부인할 수 없는지라

17 이것이 민간에 더 퍼지지 못하게 그들을 위협하여 이 후에는 이 이름으로 아무에게도 말하지 말게 하자 하고

18 그들을 불러 경고하여 도무지 예수의 이름으로 말하지도 말고 가르치지도 말라 하니

19 베드로와 요한이 대답하여 이르되 하나님 앞에서 너희의 말을 듣는 것이 하나님의 말씀을 듣는 것보다 옳은가 판단하라

20 우리는 보고 들은 것을 말하지 아니할 수 없다 하니

마음의 문을 열며

초대교회 성도들의 대화와 삶의 주제는 예수님의 이름이었습니다. 그들은 예수님의 이름을 찬양했고, 예수님의 이름을 증거했으며, 심지어 핍박을 받을 때에도 예수님의 이름으로 기도했습니다. 병자들을 예수님의 이름으로 일으켰고, 귀신과 악령을 예수님의 이름으로 대적했습니다. 우리가 예수님을 칭하는 놀라운 이름들을 주목하고 연구해야 하는 이유는 그의 이름에는 세상을 이기는 능력과 하늘의 복이 있기 때문입니다.

　이제 우리를 구원하신 예수님의 이름 속으로 들어가 그 이름의 권세와 영광과 은혜를 심비(心碑)에 새김으로, 그리스도인으로서 그 이름에 걸맞은 삶을 사는 능력을 확보하는 시간이 되기를 바랍니다.

말씀의 씨를 뿌리며

1 오순절 성령강림의 역사로 초대교회가 불일 듯 부흥했습니다. 그러나 이것을 못마땅하게 여긴 당시 예루살렘 종교 지도자들은 사도들을 붙잡을 빌미를 찾기 위해 그들을 공회 앞에 세우고 "너희가 무슨 권세와 누구의 이름으로 이 일을 행하였느냐"(7절)라며 엄하게 심문했습니다. 이때 사도들이 힘 있게 대답한 말은 무엇입니까?

· 10절

2 예수님의 이름은 천상 천하의 모든 자들이 무릎을 꿇는 지극히 높은 이름입니다(빌 2:9-10). 이처럼 우주의 권세가 복종하는 이름이지만, 오늘날 신자들 가운데 예수님의 이름을 부끄러워하는 사람들이 있습니다. 이것은 2000여 년 전에도 그러했습니다. 초대교회 신자들과 오늘날의 신자들이 예수님을 부끄러워하는 각각의 이유를 말해보세요.

· 막 8:38

- 요 1:45-46a

- 딤후 1:8

3 사도들은 핍박이 예상됨에도 불구하고 예수님의 이름을 자랑했습니다. 심지어 그들은 죽음까지 각오하며 예수님의 이름을 확성기를 댄 것처럼 크게 전했습니다. 다음 구절에서 나타난 예수님의 이름이 갖는 능력을 생각하며 우리도 예수님의 이름을 높이고 자랑해야 하는 이유를 서로 이야기해보세요.

- 12절

- 요 16:24

4 그리스도인이 예수님을 부끄러워하는 이유는 예수님의 이름이 주는 축복을 경험하지 못했기 때문이며, 한편으로는 사탄의 치밀한 전략이 있기 때문입니다. 다음 글을 읽고 묵상해보세요.

오늘날 교회 내의 적지 않은 사람들이 실제로는 예수님을 나사렛 예수로만 받아들이고 있습니다. 예수님 당시에도 유대인들은 예수님을 나사렛 예수로 폄하했습니다. 그리스도인이 예수님을 부끄러워하는 것은 나다나엘이 예수님을 나사렛 출신으로만 이해했던 것처럼, 무의식중에라도 예수님을 그렇게 생각하기 때문입니다.

오늘날 예수님을 나사렛 출신으로 이해한다는 것은 어떤 의미일까요? 복음을 지성적이지 않고 과학적이지 못하며 복음의 내용이 세상사에 맞지 않는다고 생각하는 것입니다.

이렇듯 세상은 나사렛 예수라는 이름을 경멸의 의미로 사용했지만, 예수님은 그 이름의 가치를 바꾸셨습니다. 예수님이 부활하신 후 사람들이 무덤을 찾아왔을 때, 천사는 "너희가 나사렛 예수를 찾는구나"라고 말했습니다(막 16:6). 또, 여기서 한 걸음 더 나아가, 예수님은 믿는 자들을 핍박하던 사울에게 "나는 나사렛 예수라"라고 말씀하셨습니다(행 22:8). 예수님은 나사렛이라는 이름을 취하여 그것을 하늘에까지 높이신 것입니다.

5 오늘날 성도와 교회가 부흥하는 비결은 예수님의 이름이 높아지는 데 있습니다. 예수님의 이름 속에 있는 능력이 우리를 가로막고 있는 산 같은 장애물들을 돌파할 것입니다. 신자들의 신앙생활이 무기력한 것은 예수님의 이름에 의존하지 않기 때문입니다.

지금 당신은 예수님의 이름을 부끄러워하고 있지는 않습니까? 아니면 삶의 현장에서 예수님의 이름을 높이고 있습니까? 이를 위한 당신의 각오와 다짐을 나눠 보세요.

삶의 열매를 거두며

그리스도인이 힘 있는 신앙생활을 하는 비결은 삶의 모든 영역에서 예수님 이름의 능력이 회복되는 데 있습니다. 이것은 모든 무릎이 예수님의 이름 앞에 꿇어지는 것이요, 모든 입술이 그리스도로 인하여 하나님께 영광을 돌리는 것입니다(빌 2:9-11). 당신이 속한 모든 삶의 영역에서 세상의 시선을 두려워하지 않고 거룩한 담력으로 예수님을 자랑할 수 있도록 성령님의 도우심을 구하는 기도를 드립시다.

아론이냐 모세냐?

출애굽기 32:15-32

15 모세가 돌이켜 산에서 내려오는데 두 증거판이 그의 손에 있고 그 판의 양면 이쪽 저쪽에 글자가 있으니

16 그 판은 하나님이 만드신 것이요 글자는 하나님이 쓰셔서 판에 새기신 것이더라

17 여호수아가 백성들의 요란한 소리를 듣고 모세에게 말하되 진중에서 싸우는 소리가 나나이다

18 모세가 이르되 이는 승전가도 아니요 패하여 부르짖는 소리도 아니라 내가 듣기에는 노래하는 소리로다 하고

19 진에 가까이 이르러 그 송아지와 그 춤 추는 것들을 보고 크게 노하여 손에서 그 판들을 산 아래로 던져 깨뜨리니라

20 모세가 그들이 만든 송아지를 가져다가 불살라 부수어 가루를 만들어 물에 뿌려 이스라엘 자손에게 마시게 하니라

21 모세가 아론에게 이르되 이 백성이 당신에게 어떻게 하였기에 당신이 그들을 큰 죄에 빠지게 하였느냐

22 아론이 이르되 내 주여 노하지 마소서 이 백성의 악함을 당신이 아나이다

23 그들이 내게 말하기를 우리를 위하여 우리를 인도할 신을 만들라 이 모세 곧 우리를 애굽 땅에서 인도하여 낸 사람은 어찌 되었는지 알 수 없노라 하기에

24 내가 그들에게 이르기를 금이 있는 자는 빼내라 한즉 그들이 그것을 내게로 가져왔기로 내가 불에 던졌더니 이 송아지가 나왔나이다

25 모세가 본즉 백성이 방자하니 이는 아론이 그들을 방자하게 하여 원수에게 조롱거리가 되게 하였음이라

26 이에 모세가 진 문에 서서 이르되 누구든지 여호와의 편에 있는 자는 내게로 나아오라 하매 레위 자손이 다 모여 그에게로 가는지라

27 모세가 그들에게 이르되 이스라엘의 하나님 여호와께서 이렇게 말씀하시기를 너희는 각각 허리에 칼을 차고 진 이 문에서 저 문까지 왕래하며 각 사람이 그 형제를, 각 사람이 자기의 친구를, 각 사람이 자기의 이웃을 죽이라 하셨느니라

28 레위 자손이 모세의 말대로 행하매 이 날에 백성 중에 삼천 명 가량이 죽임을 당하니라

29 모세가 이르되 각 사람이 자기의 아들과 자기의 형제를 쳤으니 오늘 여호와께 헌신하게 되었느니라 그가 오늘 너희에게 복을 내리시리라

30 이튿날 모세가 백성에게 이르되 너희가 큰 죄를 범하였도다 내가 이제 여호와께로 올라가노니 혹 너희를 위하여 속죄가 될까 하노라 하고

31 모세가 여호와께로 다시 나아가 여짜오되 슬프도소이다 이 백성이 자기들을 위하여 금 신을 만들었사오니 큰 죄를 범하였나이다

32 그러나 이제 그들의 죄를 사하시옵소서 그렇지 아니하시오면 원하건대 주께서 기록하신 책에서 내 이름을 지워 버려 주옵소서

마음의 문을 열며

진면목(眞面目)은 결정적인 순간에 드러나는 진짜 얼굴입니다. 평소에는 자신
뿐 아니라 다른 사람들도 신앙인이요 인격자로 여기는 사람도 때로 세속의
강력한 바람 속에서 치명적인 이해 관계에 얽히게 되면 그동안 얼굴을 가렸
던 것들이 벗겨져 진짜 얼굴이 드러나게 됩니다.

오늘 본문은 위기 앞에서 세상을 선택하는 이스라엘의 맨얼굴을 그대로
보여주고 있습니다. 그것은 세속의 중력에 사로잡힌 흉한 몰골이요, 자신
의 문제를 남에게 돌리는 책임 회피의 부끄러운 모습입니다.

말씀 속에서 어떤 경우에도 세상과 타협하지 않는 영적인 근력을 키우
고, 인생의 결정적인 순간에도 하나님을 선택할 수 있는 영적인 본능으로
체화(體化)하는 시간이 되기를 바랍니다.

말씀의 씨를 뿌리며

1 본문은 모세가 십계명을 받기 위해 시내산에서 40주야를 머무르는 동안 이스라엘 백성들에게 일어난 상황을 보여주고 있습니다. 모세가 내려옴이 더딤을 보고 이스라엘 백성이 아론에게 요청한 것은 무엇입니까? 그리고 이에 산에서 내려온 모세는 어떻게 행동을 취하고 있습니까?

• 출 32:1

• 26절

2 모세는 금송아지를 만들었던 아론에게 "당신이 이스라엘 백성을 큰 죄에 빠지게 하였다"라고 크게 질책합니다. 여기에 대해 아론은 무슨 말로 자신의 잘못을 합리화합니까?

• 23-24절

3 범죄한 이스라엘을 진멸하고 모세를 통해 다른 큰 나라를 세우시겠다고 진노하시는 하나님께 모세가 보인 태도를 세밀히 살펴보세요. 다음의 말씀에 기초하여 어떻게 하면 우리사회에 만연한 남 탓과 책임 회피의 경향을 바로잡을 수 있을지 이야기해보세요.

- 출 32:10

- 32절

- 출 33:13

4 하나님의 말씀에 순종하는 것이 옳다고 알면서도 세상과 타협하는 신자들이 있습니다. 다음 글을 통해 그런 신자들의 특징을 살펴보고, 이에 비춰 지금 당신의 진면목은 어떠한지 묵상해보세요.

세상과 타협하며 살아가는 세속적 복음주의자들이 있습니다. 그들은 자신의 지위, 명예, 권세, 관계를 유지하기 위해 세상의 비위를 맞추며 사는 사람들입니다. 이런 사람들의 특징이 있습니다.

첫째, 영적 무기력입니다. 현재의 신앙이 아닌 과거의 신앙으로 살아갑니다. A. W. 토저는 이를 어제의 힘으로 살아간다고 표현했습니다.

둘째, 영적 모험심의 부재입니다. 이들에게는 종교 생활은 있지만 전투력 있는 신앙생활은 없습니다.

셋째, 영적 권태입니다. 신앙생활에서 하나님과 동행하는 기쁨이나 죄를 짓지 않으려는 긴장은 찾아볼 수 없습니다.

넷째, 영적 성공에 무관심합니다. 세상 성공에는 큰 관심을 기울이지만, 사명자의 삶을 살게 하는 영적 성공은 중요하게 여기지 않습니다.

다섯째, 영적인 거룩한 습관을 찾아볼 수 없습니다. 세상적인 들숨과 날숨은 있지만 영혼을 살리는 영적인 호흡은 끊어진 지 오래입니다. 말씀을 읽거나 기도와 찬송을 하는 일상의 거룩한 습관은 희미해졌습니다.

5 모세는 이스라엘 백성들의 범죄에 대한 죗값을 자신이 대신 치르기를 간청합니다(30, 32절). 오늘날 이스라엘 백성처럼 우상을 숭배하고, 아론처럼 자신의 책임을 회피하는 우리 사회의 죄악된 성향을 해결하는 길은 우리 자신이 속죄의 제물이 되는 것입니다.

오늘날 우리가 살아가는 삶의 현장에서 어떻게 제물이 될 수 있는지를 생각하고, 구체적인 결심을 나눠보세요.

....

....

....

....

....

삶의 열매를 거두며

마귀는 반기독교적이고 무신론적인 사상의 고삐를 틀어쥐고 대중 미디어를 통해 하나님 아닌 것을 우상화하도록 부추기고, 모든 일에 남 탓을 하며 사회적 갈등을 일으키는 현상을 확산시키고 있습니다. 이런 만성적이고 고질적인 악성 질병을 해결하는 길은 모세처럼 순교적이고 결사적인 희생제물이 되는 데 있습니다. 우리 각자가 삶의 현장에서 모세처럼 속죄제물이 되어 내가 속한 공동체를 살릴 수 있도록 성령님의 도우심을 구하는 기도를 드립시다.

Lesson 7

신앙의 차렷자세

잠언 3:1-6

1 내 아들아 나의 법을 잊어버리지 말고 네 마음으로 나의 명령을 지키라
2 그리하면 그것이 네가 장수하여 많은 해를 누리게 하며 평강을 더하게 하리라
3 인자와 진리가 네게서 떠나지 말게 하고 그것을 네 목에 매며 네 마음판에 새기라
4 그리하면 네가 하나님과 사람 앞에서 은총과 귀중히 여김을 받으리라
5 너는 마음을 다하여 여호와를 신뢰하고 네 명철을 의지하지 말라
6 너는 범사에 그를 인정하라 그리하면 네 길을 지도하시리라

마음의 문을 열며

누구나 과거를 돌아보면 실패의 상징물을 하나씩은 가지고 있습니다. 신앙인으로서 예수님을 실망시킨 순간을 떠올리게 하는 물건이나 장소나 사건 말입니다. 베드로는 모닥불을 볼 때마다 예수님을 외면하고 부인했던 장소와 시간이 저절로 상기되었을 것입니다. 어떻게 하면 '실패의 모닥불'(눅 22:55-57) 이 '회복의 모닥불'(요 21:7-9)로 변화될 수 있을까요?

오늘 본문은 우리가 과거에 예수님을 실망시켰다 하더라도, 신앙의 차렷자세를 통해 다시 일어설 수 있는 회복의 길을 제시하고 있습니다. 말씀 속에서 우리를 다시 십자가 앞으로 인도하는 신앙의 차렷자세를 각성함으로 언제 어디서라도 다시 회복할 수 있는 힘을 얻는 시간이 되기를 바랍니다.

말씀의 씨를 뿌리며

1 모든 운동은 차렷자세에서 시작합니다. 군대의 제식훈련도 "뒤로 돌아!" 하고 바로 "우향우!" 하는 법이 없습니다. 반드시 "차렷!" 하고 다음 자세를 취합니다. 신앙에도 모든 움직임의 기본이 되는 차렷자세가 있습니다. 다음 구절에서 신앙의 차렷자세를 찾아 당신의 말로 풀어보세요.

- 5-6a절

2 6절의 "범사에 그를 인정하라"는 말씀은 '하나님을 더 깊이 알아라. 하나님과 더 친밀해져라. 하나님을 더 가까이 하라'라는 뜻입니다. 어떻게 하면 범사에 하나님을 인정하는 삶을 살 수 있을까요?

- 3절

- 삼상 23:2, 4, 11

3 일마다 때마다 다윗처럼 하나님께 물어보고 가까워지면, 하나님께서는 "네 길을 지도하시는"(6절) 은혜를 주십니다. 이 말씀의 구체적인 의미를 생각해보고, 이렇게 할 때 우리가 얻게 되는 신앙의 유익은 무엇인지 정리해보세요.

- 사 43:2

- 고후 10:18

4 하나님을 범사에 인정하는 신앙의 차렷자세는 일상의 삶에서 어떻게 나타나야 할까요? 다음 글을 읽고 묵상해보세요.

'차렷자세'는 모든 행동의 기준점이요, 사방으로 몸을 움직일 때의 시작점입니다. 차렷자세가 없이 전후좌우로 진행하면 결국 그릇된 방향으로 가게 될 뿐입니다.

신앙의 차렷자세는 신앙인의 생각과 관심이 어디에 있는지를 보여줍니다. 신앙적으로 얼마나 거룩한 긴장을 하며 살고 있는지, 죄의 기습에 대해 어떻게 경계하고 있는지, 그리스도인으로서 자존감은 가지고 있는지를 신앙의 차렷자세를 통해 엿볼 수 있습니다.

신앙인의 차렷자세는 하나님을 인정하는 것에서 시작합니다. 그렇다면 하나님을 인정한다는 것은 무슨 뜻입니까? 하나님께 물어보는 것입니다. 이를 위한 최고의 길은 "쉬지 말고 기도"하는 것입니다(살전 5:17). 기도는 하나님의 음성을 듣고 하나님의 뜻을 물으며, 나의 마음을 하나님께 아뢰는 것입니다. 하나님께 묻지 않는 것은 인생의 되돌릴 수 없는 결정타가 되기도 합니다(대상 10:13-14). 언제 어떤 상황에서도 하나님께 먼저 물어보는 기도가 신앙인의 모든 행보의 기준점이요, 시작점인 신앙의 차렷자세입니다.

5 신앙인이 인생길에서 만나는 수많은 우수사려(憂愁思慮)를 통과하는 최고의 길은 범사에 하나님을 인정하는 것입니다. 이번 주, 이번 달에 하나님을 인정하며 결정했던 것이 있다면 무엇인지 생각해보고, 하나님을 인정하는 삶을 살기 위한 당신의 결심을 나눠보세요.

삶의 열매를 거두며

지금 이것을 하지 않으면 미칠 것 같고, 이것이 없으면 인생이 끝날 것 같은 것들이 있습니다. 그러나 그 중 다반사는 10년 후에 그렇게 중요하지 않을 것입니다. 5년 후, 10년 후에도 여전히 그리스도인의 신앙 역사의 페이지를 채우는 중요한 것은 하나님을 인정함으로 비롯되는 것들입니다. 세상에 흔들리지 않고 범사에 하나님을 인정하는 길을 묵묵히 걸어갈 수 있도록 성령님의 도우심을 구하는 기도를 드립시다.

memo

생수의 강이 흘러나오리라

요한복음 6:35, 7:37-38

6:35 예수께서 이르시되 나는 생명의 떡이니 내게 오는 자는 결코 주리지 아니할 터이요 나를 믿는 자는 영원히 목마르지 아니하리라

7:37 명절 끝날 곧 큰 날에 예수께서 서서 외쳐 이르시되 누구든지 목마르거든 내게로 와서 마시라

38 나를 믿는 자는 성경에 이름과 같이 그 배에서 생수의 강이 흘러나오리라 하시니

마음의 문을 열며

모든 사람은 저마다 각양각색의 갈증으로 신음하고 있습니다. 세상 사람들은 원하는 무언가를 계속 채우면 자신의 갈증이 해갈될 것으로 생각하여, 끊임없이 재물이나 권세 혹은 명예나 지식, 성(性) 등을 탐합니다. 자신의 빈 웅덩이만 채우면 깊은 목마름이 해결될 것으로 여기고 이를 위해 발버둥칩니다.

그러나 그리스도인은 영혼의 목마름을 해결하기 위해 세상과는 전혀 다른 길을 추구합니다. 오늘 본문은 내게서 생수가 흘러넘쳐서 다른 사람을 채울 때 비로소 나의 갈증도 해갈될 것이라고 알려줍니다. 말씀 속에서 '흘러넘치는 은혜'를 각성함으로 자신은 물론 이웃의 목마름까지 채우는 은혜에 눈이 열리는 시간이 되기를 바랍니다.

말씀의 씨를 뿌리며

1 예수님은 "누구든지 목마르거든 내게로 와서 마시라"라고 외치셨습니다(7:37). 인생의 갈증으로 예수님께 나아가는 자가 누리는 복은 무엇입니까?

• 6:35

• 7:37

2 본문 38절에서 예수님을 믿는 자는 "그 배에서 생수의 강이 흘러나오리라"라고 말씀합니다. 여기서 '생수의 강'을 원어상으로 보면 '강'이 단수(river)가 아니고 복수(rivers)입니다. 이것이 의미하는 바가 무엇인지 생각해보세요.

• 7:38

• 고후 9:8

3 사해는 흘러들어가기만 하고 흘러나오지 않기 때문에 생명이 거하지 못합니다. 고인물이 죽는 것처럼 흘러나가지 않는 신앙도 맛을 잃은 소금에 지나지 않습니다. 나를 채우는 은혜와 내게서 흘러나가는 은혜는 다릅니다. 흘러넘치는 은혜가 있을 때 어떤 일이 일어나는지 말해보세요.

• 사 35:6-7

4 성령의 역사는 채우는 정도가 아니라 흘러넘칠 때 일어납니다. 다음 글을 읽고 묵상해보세요.

> "어느 누구도 하나님의 영을 소유한 채 자신에게만 가두어 둘 수 없다. 성령님은 계신 곳에 머물러 있지 않고 흘러나가신다. 흘러나감이 없다면 그분은 거기 계시지 않는 것이다." 우리 안에서 행하시는 성령님의 비상한 역사로 인해 작은 물줄기는 강으로 변화되고, 마시는 물은 흐르는 물로 변화합니다. 그래서 성령님은 사막에 꽃을 피우는, 흘러넘치는 저수지와 같은 것입니다. 이것이 이사야 35장 6-7절의 "광야에서 물이 솟겠고 사막에서 시내가 흐를 것임이라. 뜨거운 사막이 변하여 못이 될 것이며 메마른 땅이 변하여 원천이 될 것이며"의 의미입니다.
>
> 우리가 성령님을 마시면, 우리 속에서 충만하게 역사하시는 성령님은 넘치는 강수가 되어 성령충만한 그리스도인들로부터 자연스럽게 흘러나갑니다. 이처럼 흘러넘치는 하나님의 충만하심에 대해서 앤드류 머레이(Andrew Murray)가 이렇게 표현했습니다. "하나님은 순결한 사랑과 복이 늘 흘러넘치는 샘이요, 그리스도는 하나님의 충만하심을 은혜로 보여주시고 예비하신 저수지와 같고, 성령님은 하나님과 어린양의 보좌 아래로 흐르는 생명수의 강과 같다."

5 예수님을 믿는 사람에게는 생수의 강이 흐르고 있습니다. 그럼에도 당신에게 여전히 갈증이 있다면 그 이유가 무엇인지 생각해보세요. 어떻게 하면 하나님께서 부어주시는 생명의 강에 몸을 던져 생수를 마시고 채우며, 그것을 다른 사람에게까지 흘러보낼 수 있을지 나눠보세요.

삶의 열매를 거두며

우리의 목마름은 나 혼자서 해결할 수 있는 것이 아닙니다. 나에게 부어지는 생수가 흘러넘쳐 다른 사람에게까지 흘러갈 때, 비로소 영혼의 깊은 갈증과 갈망이 멈추고 해결될 수 있습니다. 내 속에 생수의 강이 흘러넘치고 이를 통해 예수님이 나를 제한 없이 사용할 수 있도록 성령님의 도우심을 구하는 기도를 드립시다.

memo

45년을 한결같이

민수기 14장

22 내 영광과 애굽과 광야에서 행한 내 이적을 보고서도 이같이 열 번이나 나를 시험하고 내 목소리를 청종하지 아니한 그 사람들은

23 내가 그들의 조상들에게 맹세한 땅을 결단코 보지 못할 것이요 또 나를 멸시하는 사람은 한 사람도 그것을 보지 못하리라

24 그러나 내 종 갈렙은 그 마음이 그들과 달라서 나를 온전히 따랐은즉 그가 갔던 땅으로 내가 그를 인도하여 들이리니 그의 자손이 그 땅을 차지하리라

여호수아 14장

8 나와 함께 올라갔던 내 형제들은 백성의 간담을 녹게 하였으나 나는 내 하나님 여호와께 충성하였으므로

9 그 날에 모세가 맹세하여 이르되 네가 내 하나님 여호와께 충성하였은즉 네 발로 밟는 땅은 영원히 너와 네 자손의 기업이 되리라 하였나이다

10 이제 보소서 여호와께서 이 말씀을 모세에게 이르신 때로부터 이스라엘이 광야에서 방황한 이 사십오 년 동안을 여호와께서 말씀하신 대로 나를 생존하게 하셨나이다 오늘 내가 팔십오 세로되

11 모세가 나를 보내던 날과 같이 오늘도 내가 여전히 강건하니 내 힘이 그 때나 지금이나 같아서 싸움에나 출입에 감당할 수 있으니

12 그 날에 여호와께서 말씀하신 이 산지를 지금 내게 주소서 당신도 그 날에 들으셨거니와 그 곳에는 아낙 사람이 있고 그 성읍들은 크고 견고할지라도 여호와께서 나와 함께 하시면 내가 여호와께서 말씀하신 대로 그들을 쫓아내리이다 하니

마음의 문을 열며

그리스도인은 미래의 이력서를 쓰는 사람들입니다. 하나님이 주시는 꿈과 비전으로 살아가는 그리스도인에게는 미래를 현재로 당겨서 사는 특별한 은혜가 있기 때문입니다.

미래로 현재의 이력서를 쓴다는 것은 신앙적인 수사(修辭)가 아니라, 사명자로 살아가는 모든 그리스도인이 만나야 할 삶의 실재입니다.

오늘 우리는 믿음으로 미래의 이력서를 쓴 한 사람을 만나게 됩니다. 말씀 속에서 사실보고가 아닌 믿음보고로 45년을 한결같이 하나님이 주신 비전을 따라 산 인물과 동행하면서, 우리도 하나님이 인증하시는 미래의 이력서를 쓰는 시간이 되기를 바랍니다.

말씀의 씨를 뿌리며

1 가나안을 정탐했던 열두 지파 지휘관 중에서 열 명은 아낙 자손의 거인들을 보고 자신을 메뚜기처럼 여길 뿐 아니라 애굽으로 다시 돌아가자고 말합니다. 이에 반해 여호수아와 갈렙은 여호와께서 기뻐하시면 그 땅을 정복할 것이라고 말합니다. 믿음보고를 한 갈렙에게 하나님께서 주신 약속은 무엇입니까?

- 민 14:24

....

....

....

....

- 수 14:9

....

....

....

....

2 갈렙은 하나님께서 주신 약속을 자신의 사명으로 삼고 45년을 한결같이 그 푯대를 향해 달려갔습니다. 다음 글에서 이 사실을 확인해보세요. 그리고 갈렙이 일평생 좌고우면 없이 일관되게 살 수 있었던 이유는 무엇인지 자신의 생각을 정리해보세요.

"갈렙은 이스라엘 백성들이 열 번이나 하나님을 배반하고 원망, 불평할 때에도(민 14:22) 동조한 적이 없고, 고라와 다른 지도자들이 모세를 대항하고 비난할 때에도(민 16:3) 가담하지 않았으며, 애굽의 고기와 부추와 마늘이 그리워 불평하는 무리(민 11:4-5)와 함께하지 않았고, 이스라엘 백성들이 집단적으로 금송아지로 우상을 만들 때에도(출 32:1-6) 그 기류에 휩쓸리지 않았습니다."

....

....

....

....

....

....

3 지금 이스라엘은 가나안 정복 중에 가장 어려운 지역만 남겨둔 상태입니다. 갈렙이 하나님의 약속의 말씀을 따라 여호수아에게 요구한 땅에 대해서 살펴보고, 85세의 나이에도 사명을 이루는 일에 주저하지 않는 갈렙의 모습에서 느끼는 바를 말해보세요.

• 수 14:12

....

....

....

....

4 그리스도인이 한결같은 신앙으로 산다는 것이 어떤 의미입니까? 또한 한결같은 신앙으로 살기 위해 요구되는 것은 무엇입니까? 다음 글을 읽고 묵상해보세요.

> '한결같음'은 하나님의 속성입니다. 예수 그리스도는 어제나 오늘이나 영원토록 동일하시며(히 13:8) 주님은 한결같으십니다(시 102:27). 우리를 향한 하나님의 사랑이 한결같고, 우리를 이끄시는 주님의 인도하심이 한결같으며, 우리의 연약함을 도우시는 성령님의 체휼하심이 한결같습니다.
>
> 그러므로 한결같으신 하나님을 따르는 우리의 신앙도 한결같아야 함이 마땅합니다. 이 험한 세상에서 어떻게 하나님을 향한 순도 높은 한결같음을 유지할 수 있을까요? 의지적으로 애쓰는 것만으로는 버겁고 어렵습니다. 우리 속에 신앙의 한결같음을 이끄는 동력은 뜨거운 사랑에 있습니다. 야곱은 라헬을 사랑하는 까닭에 라반의 권모술수에도 칠 년을 며칠 같이 여겼습니다(창 29:20).
>
> 그러므로 하나님에 대한 우리의 마음이 흔들린다면 그것은 세상의 거친 풍파 때문이 아니라 하나님을 향한 우리의 사랑이 흔들리기 때문인 것입니다.

5 한결같았던 갈렙의 비결은 무엇보다 약속의 말씀을 붙든 것입니다. 그리고 이것은 "여호와께서 나와 함께 하시면"(수 14:12)이라는 하나님 임재의식을 통해 그의 가슴에서 펄펄 살아 움직였습니다. 이처럼 영적 임재의식을 가진 자의 특징이 있습니다. 그의 입술에는 불평이 없습니다. 자신과 주변사람을 비교하지 않습니다. 만일 갈렙이 여호수아와 자신을 비교했다면 그의 믿음은 그때나 지금이 한결같을 수 없었을 것입니다(수 14:11).

어떻게 하면 우리도 갈렙처럼 약속의 말씀을 붙잡고, 다른 사람과의 비교의식을 내려놓고 주어진 상황에 감사하며 살 수 있을까요? 이를 위한 당신의 각오와 실천을 나눠보세요.

삶의 열매를 거두며

갈렙은 약속의 말씀을 붙듦으로 오고 오는 세대에게 소망을 주는 미래의 이력서를 썼습니다. 하나님의 꿈과 비전으로 미래의 이력서를 쓰는 사람은 나이가 들어도 속사람이 더욱 강건할 수 있습니다. 갈렙처럼 연부역강(年富力强)의 은혜 속에서 세상의 험한 파고에도 흔들리지 않고 하나님을 사랑함으로, 더욱 한결같은 헌신을 올려드리도록 성령님의 도우심을 구하는 기도를 드립시다.

memo

세속화 극복

호세아 7:8-10, 11:8-9

7:8 에브라임이 여러 민족 가운데에 혼합되니 그는 곧 뒤집지 않은 전병이로다

9 이방인들이 그의 힘을 삼켰으나 알지 못하고 백발이 무성할지라도 알지 못하는도다

10 이스라엘의 교만은 그 얼굴에 드러났나니 그들이 이 모든 일을 당하여도 그들의 하나님 여호와께로 돌아오지 아니하며 구하지 아니하도다

11:8 에브라임이여 내가 어찌 너를 놓겠느냐 이스라엘이여 내가 어찌 너를 버리겠느냐 내가 어찌 너를 아드마 같이 놓겠느냐 어찌 너를 스보임 같이 두겠느냐 내 마음이 내 속에서 돌이키어 나의 긍휼이 온전히 불붙듯 하도다

9 내가 나의 맹렬한 진노를 나타내지 아니하며 내가 다시는 에브라임을 멸하지 아니하리니 이는 내가 하나님이요 사람이 아님이라 네 가운데 있는 거룩한 이니 진노함으로 네게 임하지 아니하리라

마음의 문을 열며

"인자가 올 때에 세상에서 믿음을 보겠느냐?"(눅 18:8) 예수님이 다시 오실 때가 되면, 세상은 세속화의 광풍 속에서 믿는 자를 찾기가 심히 어려울 것이라는 말씀입니다. 동시에 그리스도인은 어떻게든 세속화에 휩쓸리지 말고 신앙을 지켜야 함을 경고하는 말씀입니다.

왜 그리스도인은 세속화의 침투를 온 힘으로 맞서야 합니까? 세속화는 신자를 오합지졸로 만드는, 마치 삼손의 머리카락을 자른 칼날과 같기 때문입니다. 세속화에 물든 신자는 믿음으로 자신을 지킬 수 없으며, 그 수가 아무리 많다고 해도 세상에 복음의 선한 영향력을 끼칠 수 없습니다.

오늘 말씀은 겉으로는 신자처럼 보이지만 실제로는 세속화에 물든 이중적인 신앙인의 몰골을 보여주고 있습니다. 아무쪼록 우리를 세상으로부터 보호하시려는 하나님의 절절한 음성을 듣고, 우리 안팎에 쌓인 세속화의 더께를 털어내는 시간이 되기를 바랍니다.

말씀의 씨를 뿌리며

1 우상숭배로 하나님을 멀리하고 세속의 물살에 흠뻑 젖은 이스라엘의 모습을 호세아는 어떻게 표현하고 있습니까?

· 호 7:8

2 에브라임은 요셉의 아들이며, 에브라임 지파는 북쪽 이스라엘 왕국의 가장 강력한 지파 중 하나였습니다. 그러나 에브라임으로 상징되는 북이스라엘은 나라 전체가 도둑질과 폭력, 간음과 거짓이 만연한 죄악의 온상으로 하나님의 진노의 대상이 되어버렸습니다(호 7:1-2). 행악으로 심판을 받아 마땅한 에브라임을 하나님께서는 어떻게 목자의 심정으로 붙드십니까? 그리고 이것이 지금 나를 품으시는 하나님의 심정과 어떻게 연결되는지 말해보세요.

· 호 11:8

· 벧후 3:9b

3 우리가 죄악을 행할 때 하나님께서 우리를 꾸짖으시는 것은 심판하시기 위해서가 아니라, 우리가 정신 차리고 회복하기를 바라시는 것입니다. 우리가 하나님께 돌아가기 위해서는 이중적인 신앙의 실상을 말씀의 거울에 비추고 직시하여야 합니다. 말씀의 거울에 자신을 비춘다는 것은 무슨 뜻입니까? 이렇게 함으로 하나님께 돌아갈 때 받는 축복은 무엇입니까?

• 히 4:12

• 호 6:1-3

4 말씀의 거울에 자신을 비춘다는 것은 삶의 현장에서 어떻게 표현될까요? 다음의 글을 읽고 묵상해보세요.

현대인들의 새해 결심의 단골 메뉴 중 하나는 다이어트일 것입니다. 어떤 다이어트 교실에서 있었던 일입니다. 심각한 비만 판정을 받은 사람이 다이어트 교실에 들어갔을 때, 트레이너가 먼저 한 일은 거울에 참가자 되고 싶은 몸의 실루엣을 그리는 것이었습니다. 참가자가 처음 거울 앞에 섰을 때 그의 모습은 그려놓은 실루엣을 가득 채우고도 넘쳤습니다. 그후 참가자는 운동을 하고 음식을 조절했습니다. 매주 그는 거울 앞에 섰고, 자신의 몸이 거울에 그려진 선과 점점 가까워지는 것을 보았습니다. 그리고 마침내 참가자는 거울에 비친 자신의 몸이 거울에 그려놓은 그림 안에 꼭 들어맞는 날을 맞이하게 되었습니다.

우리가 말씀의 거울 앞에 자신을 비춘다는 것은 말씀에 순종함으로 육신의 본성을 깨뜨리고, 기도의 호흡으로 우리의 영혼을 정결케 하며, 섬김의 실천으로 우리의 몸과 마음을 하나님께 합한 체질로 변화시키는 것을 의미합니다.

5 뒤집지 않은 전병같은 이중적인 신앙생활로는 하나님을 기쁘시게 할 수
도 없고, 그리스도인으로서 세상에 빛과 소금의 영향력을 끼치며 살 수
도 없습니다. 이러한 사실을 알면서도 우리 자신을 여전히 세속화의 급
류 속에서 벗어나지 못하게 하는 것이 무엇인지 생각해보고, 우리를 세
상으로 끌고 가려는 세속화의 중력에 맞설 수 있는 길은 무엇인지 나눠
보세요.(참고. 사 56:11)

삶의 열매를 거두며

세속화는 신앙인의 삶을 약화시키는 주범(主犯)입니다. 어떻게 하면 자신의 마음이 세속화의 길에서 벗어날 수 있을까요? 세속화의 뒷면에는 '탐욕'이라는 글자가 새겨져 있습니다. 그러므로 시편 119편 36절 말씀처럼 우리 마음이 탐욕으로 향하지 않도록 자신을 돌아보고, 우리가 세속화의 물결에 휩쓸리지 않도록 성령님의 도우심을 구하는 기도를 드립시다.

memo

제사장 나라, 샬롬 코리아나

출애굽기 19:3-6

3 모세가 하나님 앞에 올라가니 여호와께서 산에서 그를 불러 말씀하시되 너는 이같이 야곱의 집에 말하고 이스라엘 자손들에게 말하라

4 내가 애굽 사람에게 어떻게 행하였음과 내가 어떻게 독수리 날개로 너희를 업어 내게로 인도하였음을 너희가 보았느니라

5 세계가 다 내게 속하였나니 너희가 내 말을 잘 듣고 내 언약을 지키면 너희는 모든 민족 중에서 내 소유가 되겠고

6 너희가 내게 대하여 제사장 나라가 되며 거룩한 백성이 되리라 너는 이 말을 이스라엘 자손에게 전할지니라

마음의 문을 열며

신앙이란 예수 그리스도의 생명이 내 삶 속에서 확장되는 것입니다. 생명은 신구약을 관통하는 하나님의 최고의 관심사입니다. 하나님께서 아담과 하와에게 주신 첫 명령이 생육하고 번성하는 것이었고, 예수님께서 이 땅에 오신 목적도(요 10:10), 제자들을 부르시고 가장 먼저 하신 말씀도 생명을 살리는 사명이었습니다(마 4:19).

그러면 이 생명 사역은 누가, 어떻게 감당하는 것입니까? 바로 예수님을 구주로 믿는 우리가 제사장 나라가 됨으로써 이루어집니다. 제사장 나라는 그리스도의 보혈에 근거한 거룩한 나라입니다.

오늘 말씀 속에서 피조물인 우리가 영원하고 영광스러운 제사장 나라로서 축복의 통로, 생명의 통로가 되는 비밀을 보게 될 것입니다. 아무쪼록 우리가 발을 내딛는 곳마다 생명을 일으키는 거룩한 공진이 일어나도록 사람을 살리고 세우는 능력에 붙들리는 시간이 되기를 바랍니다.

말씀의 씨를 뿌리며

1 본문 4절은 하나님께서 이스라엘 백성들을 어떻게 인도하셨는지 말씀하고 있습니다. 다음 구절을 읽고 "애굽 사람에게 행하신 것"과 "독수리 날개로 이스라엘을 업어서 인도하신 것"을 정리해보세요.

• 출 12:27

• 출 14:21, 28-30

2 하나님께서 애굽에서 이스라엘 백성을 구하시고 홍해를 건너게 하시며, 광야에서 만나와 메추라기를 먹이신 것은 하나님께서 이끄신 생명의 역사였습니다. 하나님은 이러한 생명의 사역을 이스라엘에게만 한정하지

않으시고 천하만민에게도 행하기 원하십니다. 하나님은 이 일을 누구를 통하여 어떻게 행하기를 원하십니까?

• 5-6절

_____

_____

_____

_____

_____

_____

3 하나님이 이스라엘을 제사장 나라로 삼으셨다는 말씀 속에는 하나님의 꿈과 비전이 고스란히 들어 있습니다. 하나님의 관심이 어디에 있는지를 보여줍니다. 제사장은 첫째, 하나님을 위해, 둘째, 백성을 위해 존재합니다. 그렇다면 이 땅에서 왕 같은 제사장으로 산다는 것이 무슨 뜻일까요? 용서와 화해와 나눔과 평화의 관점에서 말해보세요.

• 사 19:24-25

_____

_____

_____

_____

_____

_____

4 우리가 제사장 나라의 백성으로서 한 사람 한 사람이 성령의 리듬에 맞춰 신앙의 스텝을 밟을 때 세상에 어떤 영향을 미칠 수 있을까요? 다음 글을 읽고 묵상해보세요.

돌을 잔잔한 호수에 던지면 잔잔하게 동심원의 파문이 일어납니다. 그런데 여러 사람이 함께 돌을 던지면, 중첩된 동심원의 큰 파문이 호수를 파도치게 할 수 있습니다.

이렇게 말하면 '나 한 사람이 그렇게 한다고 뭐가 바뀌겠나?'라고 반문하는 분이 있습니다. 그러나 우리가 성령의 리듬에 맞춰 신앙의 스텝을 맞추면 거룩한 공진이 일어나 가정과 이웃과 사회의 기축을 흔들 수 있습니다. 비록 처음에는 한두 사람의 움직임이 마치 큰 호수에 돌멩이가 떨어진 것처럼 작은 파문을 일으킬 뿐이지만, 여러 사람이 함께 말씀의 주파수에 맞춰 순종의 스텝을 내디디면 거룩한 공진이 일어날 수 있습니다. 이로 인해 철벽처럼 넘을 수 없었던 가족, 이웃, 직장동료 사이의 관계에 변화가 일어나고, 우리 사회에서 하나님을 대적하는 완고한 강퍅함들이 깨뜨려질 것입니다.

5 역사적으로, 지금처럼 무신론적 사조가 기승을 부리고, 반기독교적 정서와 문화가 활개를 치는 때는 없었을 것입니다. 지금 이 땅은 어느 때보다 속죄와 화해의 손길을 기다리고 있으며, 그리스도인인 우리에게 제사장 나라의 사명으로 살아갈 것을 요구하고 있습니다. 당신은 지금의 자리에서 제사장 나라의 삶을 살고 있습니까? 이를 위한 당신의 각오와 결심을 나눠보세요.

삶의 열매를 거두며

하나님께서 우리의 정체성으로 부여하신 제사장 나라는 복음의 가치가 강 같이 흐르고 하나님의 공의와 질서가 문화와 사회를 주도하는 세상입니다. 우리 한 사람이 제사장적 가치관과 비전을 삶의 기준으로 삼고 행동하면, 이사야 19장 24-25절 말씀처럼 도무지 인간의 시각과 이해로는 불가능해 보이는 일이 일어날 수 있습니다.

무신론적 사조와 반기독교적 정서, 그리고 이 땅을 삶의 전부로 여기는 쾌락주의가 삼각파도처럼 우리를 덮치는 세상 속에서 두려움 없이 제사장적 삶을 살 수 있도록 성령님의 도우심을 구하는 기도를 드립시다.

memo

영적 기백

열왕기상 18:17-24

17 엘리야를 볼 때에 아합이 그에게 이르되 이스라엘을 괴롭게 하는 자여 너냐

18 그가 대답하되 내가 이스라엘을 괴롭게 한 것이 아니라 당신과 당신의 아버지의 집이 괴롭게 하였으니 이는 여호와의 명령을 버렸고 당신이 바알들을 따랐음이라

19 그런즉 사람을 보내 온 이스라엘과 이세벨의 상에서 먹는 바알의 선지자 사백오십 명과 아세라의 선지자 사백 명을 갈멜 산으로 모아 내게로 나아오게 하소서

20 아합이 이에 이스라엘의 모든 자손에게로 사람을 보내 선지자들을 갈멜 산으로 모으니라

21 엘리야가 모든 백성에게 가까이 나아가 이르되 너희가 어느 때까지 둘 사이에서 머뭇머뭇 하려느냐 여호와가 만일 하나님이면 그를 따르고 바알이 만일 하나님이면 그를 따를지니라 하니 백성이 말 한마디도 대답하지 아니하는지라

22 엘리야가 백성에게 이르되 여호와의 선지자는 나만 홀로 남았으나 바알의 선지자는 사백오십 명이로다

23 그런즉 송아지 둘을 우리에게 가져오게 하고 그들은 송아지 한 마리를 택하여 각을 떠서 나무 위에 놓고 불은 붙이지 말며 나도 송아지 한 마리를 잡아 나무 위에 놓고 불은 붙이지 않고

24 너희는 너희 신의 이름을 부르라 나는 여호와의 이름을 부르리니 이에 불로 응답하는 신 그가 하나님이니라 백성이 다 대답하되 그 말이 옳도다 하니라

마음의 문을 열며

지금 당신에게 용기를 주는 것은 무엇입니까? 세상의 재물이나 명예나 권세입니까? 세상 사람은 그럴지 몰라도, 그리스도인에게 담력을 주는 것은 이런 것들이 아닙니다. 그리스도인의 삶은 이런 것들로 왕성해지지도 않습니다. 왜냐하면 그리스도인은 예수님을 믿는 순간부터 영적 전장(戰場)에 서 있기 때문입니다.

지금도 마귀는 예수님을 믿는 사람들에게 날마다 선전포고를 날리며 우는 사자같이 달려들고 있습니다. 우리는 무엇으로, 어떻게 마귀를 대적할 수 있을까요?

오늘 본문에서는 마귀를 대적하는 전쟁터에서 홀로 하나님만 의지하며 세상에 없는 영적 기백으로 싸우는 인물을 만나게 됩니다. 말씀을 통해 세상의 번쩍이는 위세 앞에서도 조금의 위축도 없이 오히려 더욱 담대하게 설 수 있도록 하늘의 불을 받는 시간이 되기를 바랍니다.

말씀의 씨를 뿌리며

1 북이스라엘은 아합의 행악으로 수년 동안 비가 오지 않는 심한 기근으로 고통받고 있었습니다(왕상 16:30, 17:1). 다음 구절에서 아합이 저지른 악행의 내용을 살펴보고, 엘리야가 아합에게 선포한 영적인 도전은 무엇인지 확인해보세요.

- 18-19절

2 이세벨이 여호와의 선지자들을 죽이는 데 혈안이 되어있던 상황에서(왕상 18:13), 엘리야가 바알과 아세라 선지자 850명을 홀로 대적하는 데에는 엄청난 용기가 필요했습니다. 다음 구절에서 엘리야가 보였던 영적 담력의 구체적인 모습을 찾아보고, 당신의 말로 정리해보세요.(참고. 시 33:16-19)

- 19절

- 21절

· 시 33:16-19

3 신앙인의 영적 기백은 우리 눈 앞에 펼쳐진 현실을 보는 것이 아니라 하나님에 의해 펼쳐질 가능성을 바라보는 것에서 발원됩니다. 만일 엘리야가 현실의 문제에 움츠러들어서 '나 혼자서 무엇을 할 수 있겠는가?'라고 생각했다면 아무 일도 못했을 것입니다. 엘리야처럼 현실의 문제보다 하나님이 주실 더 큰 가능성을 믿음으로 바라보았던 사람들의 공통점은 무엇입니까? 이를 통해 당신이 깨달은 바를 말해보세요.

· 마 8:2

· 막 5:28

· 막 7:28

4 하나님을 의지하는 영적 기백이란 무엇입니까? 다음 글을 읽고 묵상해 보세요.

> 3.1운동 이후 많은 기독교 지도자들이 감옥에 수감되었습니다. 그들은 그 감옥에서도 다른 사람들에게 복음을 전했습니다. 윌리엄 뉴튼 블레어(William Newton Blair) 선교사는 감옥 안에 있는 기독교 지도자들의 모습을 보고 기독교로 개종한 한 사람의 이야기를 다음과 같이 기록에 남겨두었습니다.
>
> "어느 날 교도관들이 우리 모두를 정원에 한 줄로 세우고 사진을 찍으려 했습니다. 기독교인인 케이(K)씨를 포함해서 산골에서 온 어떤 이들은 삼각대에 놓여 있는 검은 통이 기관총이라고 생각했습니다. 우리는 모두 죽게 되었다고 생각하며 매우 두려워했습니다. 그러나 K씨는 자신의 두려움도 잊어버리고 이렇게 소리쳤습니다. '형제들이여! 아직 예수를 믿을 수 있는 시간이 있습니다' 이 사람의 용기와 진실함이 나를 너무 감동시켜서 나는 그때 거기서 기독교인이 되기로 결심했습니다."[*]
>
> 오늘날 우리가 속한 세상은 4차 산업혁명 속에서 어느 때보다 무신론적 이념, 반기독교 문화가 기승을 부리고 있습니다. 수많은 사람들이 세상의 유혹과 위협에 굴복하는 지금, 우리에게 필요한 것은 세상의 조롱과 협박에도 불구하고, 심지어 죽음의 긴박한 순간에서조차 K씨처럼 형제와 이웃을 향하여 "아직 예수를 믿을 수 있는 시간이 있습니다"라고 외치는 순교적인 기백입니다.

[*] 윌리암 뉴튼 블레어, 《정금 같은 신앙》, 한국기독교역사연구소, 103쪽.

5 하나님은 세상의 수와 양보다 하나님의 수에 더 민감한 성품의 소유자를 쓰십니다. 오늘 본문은 하나님과 함께하는 한 사람이 세상의 위세를 떨치는 850인을 능히 이기는 것을 보여줌으로써, 하나님 나라가 세상의 많은 수에 좌지우지되지 않음을 천하에 선포하고 있습니다.

어떻게 하면 나 자신부터 세상 수에 끌려 "머뭇머뭇" 하는 죄의 본성을 꺾고, 하나님께서 인정하시는 영적 기백으로 충만한 사람이 될 수 있을까요? 오늘 다락방에서 배운 교훈들을 정리해보고, 이를 위한 자신의 결심을 나눠보세요.

삶의 열매를 거두며

성경을 읽으면서 가슴 아픈 성경말씀을 꼽으라면, "그들이 믿지 않음으로 말미암아 거기서 많은 능력을 행하지 아니하시니라"(마 13:58)라는 구절을 들 수 있습니다. 우리의 진짜 문제는 현실의 크고 작은 장애물이 아니라 예수님을 믿지 않는 것이라는 말씀입니다.

거칠고 때로는 잔인한 현실 앞에서, 우리가 직면한 문제가 아닌 하나님께서 보여주시는 가능성을 먼저 바라보는 영적 기백을 가질 수 있도록 성령님의 도우심을 구하는 기도를 드립시다.

memo

세상을 구하는 사람

열왕기상 18:30-46

30 엘리야가 모든 백성을 향하여 이르되 내게로 가까이 오라 백성이 다 그에게 가까이 가매 그가 무너진 여호와의 제단을 수축하되

31 야곱의 아들들의 지파의 수효를 따라 엘리야가 돌 열두 개를 취하니 이 야곱은 옛적에 여호와의 말씀이 임하여 이르시기를 네 이름을 이스라엘이라 하리라 하신 자더라

32 그가 여호와의 이름을 의지하여 그 돌로 제단을 쌓고 제단을 돌아가며 곡식 종자 두 스아를 둘 만한 도랑을 만들고

33 또 나무를 벌이고 송아지의 각을 떠서 나무 위에 놓고 이르되 통 넷에 물을 채워다가 번제물과 나무 위에 부으라 하고

34 또 이르되 다시 그리하라 하여 다시 그리하니 또 이르되 세 번째로 그리하라 하여 세 번째로 그리하니

35 물이 제단으로 두루 흐르고 도랑에도 물이 가득 찼더라

36 저녁 소제 드릴 때에 이르러 선지자 엘리야가 나아가서 말하되 아브라함과 이삭과 이스라엘의 하나님 여호와여 주께서 이스라엘 중에서 하나님이신 것과 내가 주의 종인 것과 내가 주의 말씀대로 이 모든 일을 행하는 것을 오늘 알게 하옵소서

37 여호와여 내게 응답하옵소서 내게 응답하옵소서 이 백성에게 주 여호와는 하나님이신 것과 주는 그들의 마음을 되돌이키심을 알게 하옵소서 하매

38 이에 여호와의 불이 내려서 번제물과 나무와 돌과 흙을 태우고 또 도랑의 물을 핥은지라

39 모든 백성이 보고 엎드려 말하되 여호와 그는 하나님이시로다 여호와 그는 하나님이시로다 하니

40 엘리야가 그들에게 이르되 바알의 선지자를 잡되 그들 중 하나도 도망하지 못하게 하라 하매 곧 잡은지라 엘리야가 그들을 기손 시내로 내려다가 거기서 죽이니라

41 엘리야가 아합에게 이르되 올라가서 먹고 마시소서 큰 비 소리가 있나이다

42 아합이 먹고 마시러 올라가니라 엘리야가 갈멜 산 꼭대기로 올라가서 땅에 꿇어 엎드려 그의 얼굴을 무릎 사이에 넣고

43 그의 사환에게 이르되 올라가 바다쪽을 바라보라 그가 올라가 바라보고 말하되 아무것도 없나이다 이르되 일곱 번까지 다시 가라

44 일곱 번째 이르러서는 그가 말하되 바다에서 사람의 손 만한 작은 구름이 일어나나이다 이르되 올라가 아합에게 말하기를 비에 막히지 아니하도록 마차를 갖추고 내려가소서 하라 하니라

45 조금 후에 구름과 바람이 일어나서 하늘이 캄캄해지며 큰 비가 내리는지라 아합이 마차를 타고 이스르엘로 가니

46 여호와의 능력이 엘리야에게 임하매 그가 허리를 동이고 이스르엘로 들어가는 곳까지 아합 앞에서 달려갔더라

마음의 문을 열며

자기 한 몸 건사하기 힘든 세상입니다. 이러한 현실 앞에서 세상을 구하고 시대를 밝히며, 가정과 이웃을 살린다는 것은 자신의 현실과는 상관없는 거대 담론처럼 치부될지 모릅니다. 하지만 기독교인이 세상을 구하는 것은 추상이 아니라 실재이며, 멋진 수사(修辭)가 아니라 구체적인 행동입니다.

오늘 말씀 속에서 예수님을 구주로 믿고 섬기는 우리가 삶의 현장에서 자신은 물론 이웃과 사회를 실질적으로 살리는 하나님의 방식에 눈을 뜨는 시간이 되기를 바랍니다.

말씀의 씨를 뿌리며

1 불을 내려 응답하는 것을 참된 신의 증거로 삼는 대결이 시작되었습니다. 지는 쪽은 목숨을 내어놓아야 하는 숨막히는 영적 전투가 펼쳐지고 있습니다. 바알 선지자들은 하늘의 응답이 보이지 않자 자신의 몸을 칼과 창으로 찔러 피가 흐르도록 상하게 하면서 몸부림칩니다(28절). 그러나 엘리야는 이들과는 전혀 다르게 하늘의 응답을 구하고 있습니다. 그것은 무엇입니까?

· 30-31절

_____

_____

_____

_____

_____

_____

_____

_____

2 신앙인이 시대를 구하고 자신을 살리기 위한 첫 걸음은 하나님의 제단을 수축하는 것입니다. 무너진 제단을 다시 세우는 것이 회복의 문을 여는 열쇠라면, 회복의 삶을 실제로 살게 하는 것은 무엇입니까? 다음 구절에서 이 사실을 살펴보고 자신의 말로 풀어서 이야기해보세요.

- 42-43절

___
___
___
___
___
___
___

3 엘리야는 무엇보다 하나님의 약속의 말씀에 의거해서 기도했고(36절), 하나님을 높이고 이스라엘의 마음을 돌이키기 위해서 간구했습니다(37절). 이러한 엘리야의 끈질긴 기도에 하나님은 큰 응답으로 역사했습니다. 그 내용을 적어보세요. 그리고 기도의 응답을 온몸으로 느끼며 빗속을 달려간 엘리야의 심정이 어떠했을지 말해보세요.

- 45-46절

___
___
___
___
___
___
___

4 우리가 하나님께 올려드리는 끈질긴 기도란 어떤 것일까요? 다음 글을 읽고 묵상해보세요.

끈질긴 기도에 대해서는 예수님께서 마태복음 7장 7절에서 직접 말씀하셨습니다. "구하라 그리하면 너희에게 주실것이요 찾으라 그리하면 찾아낼 것이요 문을 두드리라 그리하면 너희에게 열릴 것이다." 끈질긴 기도는 주실 때까지 구하고, 찾을 때까지 찾고, 열릴 때까지 두드리는 기도입니다.

이 기도는 끊어지지 않는 세 겹줄의 절박한 기도라고 표현할 수 있습니다. 스펄전 목사님이 이를 잘 표현했습니다. "굶주려서 빵을 구하는 불쌍한 거지처럼 간청하십시오. 좋은 진주들을 샅샅이 찾아다니는 상인처럼 구하십시오. 길을 잃은 여행객이 앞을 보지 못할 정도로 진눈깨비가 내리는 밤에 밖에서 어쩔 줄 모르며 폭풍 속에서 죽지 않으려고 피난처를 찾아 문을 두드리는 것처럼 세게, 계속 두드리십시오."[*]

우리는 예수님께서 문을 열어주실 때까지 끈질기게 기도해야 합니다.

---

[*] 찰스 스펄전, 《마태복음 1》, 크리스챤다이제스트, 374쪽

5 당신은 엘리야처럼 끈질긴 기도의 응답을 경험한 적이 있습니까? 동시에 끈질긴 기도의 놀라운 능력을 알면서도 삶 속에서 그렇게 하지 못하는 이유를 찾아보고, 어려운 상황 속에서도 먼저 하나님의 제단을 쌓고, 끈질긴 기도를 드리기 위한 다짐과 결심을 나누어보세요.

삶의 열매를 거두며

끈질긴 기도의 응답으로 빗속을 달려간 엘리야의 모습은 성경을 읽는 모든 독자를 '나도 엘리야처럼 기도 응답의 장대비를 맞으며 달리고 싶다'라는 거룩한 설렘으로 가슴 뛰게 합니다. 그러나 현실은 세상의 850명 앞에 홀로 있는 초라한 자신의 모습을 보게 만듭니다.

어떤 상황에서도 세상의 위세에 물러서지 않고, 오히려 더욱 하나님의 제단을 쌓고, 끈질긴 기도를 드릴 수 있도록 성령님의 도우심을 구하는 기도를 드립시다.

Lesson 14

비대칭 전략의 신비

여호수아 5:2-12, 6:1-10

5:2 그때에 여호와께서 여호수아에게 이르시되 너는 부싯돌로 칼을 만들어 이스라엘 자손들에게 다시 할례를 행하라 하시매

3 여호수아가 부싯돌로 칼을 만들어 할례 산에서 이스라엘 자손들에게 할례를 행하니라

4 여호수아가 할례를 시행한 까닭은 이것이니 애굽에서 나온 모든 백성 중 남자 곧 모든 군사는 애굽에서 나온 후 광야 길에서 죽었는데

5 그 나온 백성은 다 할례를 받았으나 다만 애굽에서 나온 후 광야 길에서 난 자는 할례를 받지 못하였음이라

6 이스라엘 자손들이 여호와의 음성을 청종하지 아니하므로 여호와께서 그들에게 대하여 맹세하사 그들의 조상들에게 맹세하여 우리에게 주리라고 하신 땅 곧 젖과 꿀이 흐르는 땅을 그들이 보지 못하게 하리라 하시매 애굽에서 나온 족속 곧 군사들이 다 멸절하기까지 사십 년 동안을 광야에서 헤매었더니

7 그들의 대를 잇게 하신 이 자손에게 여호수아가 할례를 행하였으니 길에서는 그들에게 할례를 행하지 못하였으므로 할례 없는 자가 되었음이었더라

8 또 그 모든 백성에게 할례 행하기를 마치매 백성이 진중 각 처소에 머물며 낫기를 기다릴 때에

9 여호와께서 여호수아에게 이르시되 내가 오늘 애굽의 수치를 너희에게서 떠나가게 하였다 하셨으므로 그 곳 이름을 오늘까지 길갈이라 하느니라

10 또 이스라엘 자손들이 길갈에 진 쳤고 그 달 십사일 저녁에는 여리고 평지에서 유월절을 지켰으며

11 유월절 이튿날에 그 땅의 소산물을 먹되 그 날에 무교병과 볶은 곡식을 먹었더라

12 또 그 땅의 소산물을 먹은 다음 날에 만나가 그쳤으니 이스라엘 사람들이 다시는 만나를 얻지 못하였고 그 해에 가나안 땅의 소출을 먹었더라

6:1 이스라엘 자손들로 말미암아 여리고는 굳게 닫혔고 출입하는 자가 없더라

2 여호와께서 여호수아에게 이르시되 보라 내가 여리고와 그 왕과 용사들을 네 손에 넘겨 주었으니

3 너희 모든 군사는 그 성을 둘러 성 주위를 매일 한 번씩 돌되 엿새 동안을 그리하라

4 제사장 일곱은 일곱 양각 나팔을 잡고 언약궤 앞에서 나아갈 것이요 일곱째 날에는 그 성을 일곱 번 돌며 그 제사장들은 나팔을 불 것이며

5 제사장들이 양각 나팔을 길게 불어 그 나팔 소리가 너희에게 들릴 때에는 백성은 다 큰 소리로 외쳐 부를 것이라 그리하면 그 성벽이 무너져 내리리니 백성은 각기 앞으로 올라갈지니라 하시매

6 눈의 아들 여호수아가 제사장들을 불러 그들에게 이르되 너희는 언약궤를 메고 제사장 일곱은 양각 나팔 일곱을 잡고 여호와의 궤 앞에서 나아가라 하고

7 또 백성에게 이르되 나아가서 그 성을 돌되 무장한 자들이 여호와의 궤 앞에서 나아갈지니라 하니라

8 여호수아가 백성에게 이르기를 마치매 제사장 일곱은 양각 나팔 일곱을 잡고 여호와 앞에서 나아가며 나팔을 불고 여호와의 언약궤는 그 뒤를 따르며

9 그 무장한 자들은 나팔 부는 제사장들 앞에서 행진하며 후군은 궤 뒤를 따르고 제사장들은 나팔을 불며 행진하더라

10 여호수아가 백성에게 명령하여 이르되 너희는 외치지 말며 너희 음성을 들리게 하지 말며 너희 입에서 아무 말도 내지 말라 그리하다가 내가 너희에게 명령하여 외치라 하는 날에 외칠지니라 하고

마음의 문을 열며

하나님의 자녀는 세상을 이기는 자들입니다(요일 4:5). 이것은 먼저 세상을 이기신 예수님(요 16:33)을 믿는 그리스도인의 태생적 속성입니다. 그럼에도 세상의 엄청난 유혹들(요일 2:16)이나 지뢰밭 같은 위협들(벧전 5:8)은 도무지 이길 수 없는 중과부적(衆寡不敵)으로 보입니다.

오늘 말씀은 숫자와 크기를 중시하는 세상 상식을 압도하는 새로운 차원의 신앙의 길을 제시합니다. 아무쪼록 하나님께서 우리를 위해 예비하신 창조적 이김에 눈이 열려, 우리 앞에 난공불락처럼 서 있는 인생의 모든 여리고 성을 무너뜨리는 하늘의 능력으로 무장되는 시간이 되기를 바랍니다.

말씀의 씨를 뿌리며

1 이스라엘 백성은 이제 40년의 광야 생활을 끝내고 하나님이 약속하신 가나안 입성을 목전에 두고 있습니다. 아마도 이스라엘은 여리고 성을 마주하며 젖과 꿀이 흐르는 땅으로 들어간다는 설렘과 함께 정복을 위한 전쟁을 앞둔 팽팽한 긴장감으로 일전(一戰)을 준비하였을 것입니다. 그런데 그때, 여호수아가 이스라엘에게 내린 명령은 무엇입니까?

· 5:2

2 세상은 수와 크기로 승패를 좌우하는 일반의 중력 법칙이 작동하는 곳입니다. 그러나 신앙세계는 영적인 비대칭 전략으로 세상의 상식을 압도하는 하나님의 법칙이 작동하는 곳입니다. 전쟁을 앞둔 진영에서는 결코 행하지 않을 할례와 더불어 이스라엘 백성들에게 명령하신 또 하나의 영적인 비대칭 전략은 무엇인지 다음 구절에서 찾아 그 의미하는 바를 말해보세요.

· 5:10

- 출 12:13

_____

_____

_____

_____

_____

_____

3 하나님과의 언약과 그의 백성으로서의 순결과 헌신을 상징하는 '할례'
와 더불어 하나님의 절대적 구원을 상징하는 '유월절'은 이스라엘 백성
들을 영적으로 무장시킨 하나님의 독특한 비대칭 전략이었습니다. 그리
고 여기에 여리고 성을 무너뜨리는 하나님만의 세 번째 비대칭 전략이
있습니다. 그것이 무엇인지 살펴보고, 이러한 전략들이 세상 사람들의
눈에는 어떻게 보였을지 이야기해보세요.

- 6:3-6

_____

_____

_____

_____

_____

_____

_____

_____

4 그리스도인이 전쟁은 하나님께 속한 것임을 믿고 자신을 맡긴다는 것은 어떤 뜻일까요? 다음 글을 읽고 묵상해보세요.

> 전쟁이 하나님께 속하였다는 뜻은 세상의 법칙이 하나님의 법칙에 굴복한다는 의미입니다. 일반적으로 세상의 법칙이 세상을 움직입니다. 높은 건물에서 뛰어내리면 중력의 법칙으로 추락합니다. 그런데 사람이 높은 곳에서 뛰어내려도 추락하지 않는 경우가 있습니다. 예를 들면 행글라이더를 타고 높은 곳에서 뛰어내리면 공기역학의 법칙으로 추락하지 않습니다. 중력의 법칙보다 더 큰 법칙이 작용한 것입니다.
>
> 이스라엘 백성이 여리고 성을 무너뜨린 것은 중력의 법칙을 압도하는, 하나님의 말씀에 절대의존하는 믿음의 법칙에 의해 가능했습니다. 이스라엘 백성은 하나님의 말씀에 자신을 묶고 뛰어내렸습니다. 말씀에 대한 절대믿음이 중력의 법칙을 이기고 그들을 승리하게 한 것입니다.
>
> 우리 또한 인생길을 가는 동안 때로 높은 곳에서 뛰어내려야 하는 순간이 있습니다. 어떻게 해야합니까? 하나님의 말씀에 우리를 묶고 뛰어내려야 합니다.

5 하나님의 비대칭 전략의 절정은 예수님께서 열두 군단 더 되는 천사를 동원하여 마귀를 대적할 수 있음에도 기꺼이 십자가를 지신 것입니다. 성경에 나타난 비대칭 전략의 핵심은 모두 '하나님의 말씀에 자신을 묶고' 순종하는 것입니다.

세상의 상식을 거슬러 하나님의 비대칭 전략을 따르기 위해 지금 우리 각자에게 요구되는 것은 무엇입니까? 이를 위한 당신의 다짐과 실천을 나눠보세요.

삶의 열매를 거두며

시퍼런 바다를 뒤흔드는 높은 파도가 덮치는 상황에서 하나님의 비대칭 전략의 닻에 자신을 묶고 신앙의 항해를 한다는 것은 결코 쉬운 일이 아닙니다. 그러나 우리 자신을 하나님께 드린다는 영적 할례 의식과 우리의 구원이 절대적으로 하나님께만 달려 있다는 유월절 의식을 가지고 전진한다면, 오히려 세상이 "마음이 녹고 정신을 잃을"(수 5:1b) 정도로 우리를 두려워할 것입니다.

세상의 어떠한 파고(波高) 속에서도 하나님께만 우리의 몸을 묶고 믿음으로 나아갈 수 있도록 성령님의 도우심을 구하는 기도를 드립시다.

불확실의 시대를 어떻게 믿음으로 항해할 것인가?

사사기 6:11-12, 7:1-23

6:11 여호와의 사자가 아비에셀 사람 요아스에게 속한 오브라에 이르러 상수리나무 아래에 앉으니라 마침 요아스의 아들 기드온이 미디안 사람에게 알리지 아니하려 하여 밀을 포도주 틀에서 타작하더니

12 여호와의 사자가 기드온에게 나타나 이르되 큰 용사여 여호와께서 너와 함께 계시도다 하매

7:1 여룹바알이라 하는 기드온과 그를 따르는 모든 백성이 일찍이 일어나 하롯 샘 곁에 진을 쳤고 미디안의 진영은 그들의 북쪽이요 모레 산 앞 골짜기에 있었더라

2 여호와께서 기드온에게 이르시되 너를 따르는 백성이 너무 많은즉 내가 그들의 손에 미디안 사람을 넘겨 주지 아니하리니 이는 이스라엘이 나를 거슬러 스스로 자랑하기를 내 손이 나를 구원하였다 할까 함이니라

3 이제 너는 백성의 귀에 외쳐 이르기를 누구든지 두려워 떠는 자는 길르앗 산을 떠나 돌아가라 하라 하시니 이에 돌아간 백성이 이만 이천 명이요 남은 자가 만 명이었더라

4 여호와께서 또 기드온에게 이르시되 백성이 아직도 많으니 그들을 인도하여 물 가로 내려가라 거기서 내가 너를 위하여 그들을 시험하리라 내가 누구를 가리켜 네게 이르기를 이 사람이 너와 함께 가리라 하면 그는 너와 함께 갈 것이요 내가 누구를 가리켜 네게 이르기를 이 사람은 너와 함께 가지 말 것이니라 하면 그는 가지 말 것이니라 하신지라

5 이에 백성을 인도하여 물 가에 내려가매 여호와께서 기드온에게 이르시되 누구든지 개가 핥는 것 같이 혀로 물을 핥는 자들을 너는 따로 세우고 또 누구든지 무릎을 꿇고 마시는 자들도 그와 같이 하라 하시더니

6 손으로 움켜 입에 대고 핥는 자의 수는 삼백 명이요 그 외의 백성은 다 무릎을 꿇고 물을 마신지라

7 여호와께서 기드온에게 이르시되 내가 이 물을 핥아 먹은 삼백 명으로 너희를 구원하며 미디안을 네 손에 넘겨 주리니 남은 백성은 각각 자기의 처소로 돌아갈 것이니라 하시니

8 이에 백성이 양식과 나팔을 손에 든지라 기드온이 이스라엘 모든 백성을 각각 그의 장막으로 돌려보내고 그 삼백 명은 머물게 하니라 미디안 진영은 그 아래 골짜기 가운데에 있었더라

9 그 밤에 여호와께서 기드온에게 이르시되 일어나 진영으로 내려가라 내가 그것을 네 손에 넘겨 주었느니라

10 만일 네가 내려가기를 두려워하거든 네 부하 부라와 함께 그 진영으로 내려가서

11 그들이 하는 말을 들으라 그 후에 네 손이 강하여져서 그 진영으로 내려가리라 하시니 기드온이 이에 그의 부하 부라와 함께 군대가 있는 진영 근처로 내려간즉

12 미디안과 아말렉과 동방의 모든 사람들이 골짜기에 누웠는데 메뚜기의 많은 수와 같고 그들의 낙타의 수가 많아 해변의 모래가 많음 같은지라

13 기드온이 그 곳에 이른즉 어떤 사람이 그의 친구에게 꿈을 말하여 이르기를 보라 내가 한 꿈을 꾸었는데 꿈에 보리떡 한 덩어리가 미디안 진영으로 굴러 들어와 한 장막에 이르러 그것을 쳐서 무너뜨려 위쪽으로 엎으니 그 장막이 쓰러지더라

14 그의 친구가 대답하여 이르되 이는 다른 것이 아니라 이스라엘 사람 요아스의 아들 기드온의 칼이라 하나님이 미디안과 그 모든 진영을 그의 손에 넘겨 주셨느니라 하더라

15 기드온이 그 꿈과 해몽하는 말을 듣고 경배하며 이스라엘 진영으로 돌아와 이르되 일어나라 여호와께서 미디안과 그 모든 진영을 너희 손에 넘겨 주셨느니라 하고

16 삼백 명을 세 대로 나누어 각 손에 나팔과 빈 항아리를 들리고 항아리 안에는 횃불을 감추게 하고

17 그들에게 이르되 너희는 나만 보고 내가 하는 대로 하되 내가 그 진영 근처에 이르러서 내가 하는 대로 너희도 그리하여

18 나와 나를 따르는 자가 다 나팔을 불거든 너희도 모든 진영 주위에서 나팔을 불며 이르기를 여호와를 위하라, 기드온을 위하라 하라 하니라

19 기드온과 그와 함께 한 백 명이 이경 초에 진영 근처에 이른즉 바로 파수꾼들을 교대한 때라 그들이 나팔을 불며 손에 가졌던 항아리를 부수니라

20 세 대가 나팔을 불며 항아리를 부수고 왼손에 횃불을 들고 오른손에 나팔을 들어 불며 외쳐 이르되 여호와와 기드온의 칼이다 하고

21 각기 제자리에 서서 그 진영을 에워싸매 그 온 진영의 군사들이 뛰고 부르짖으며 도망하였는데

22 삼백 명이 나팔을 불 때에 여호와께서 그 온 진영에서 친구끼리 칼로 치게 하시므로 적군이 도망하여 스레라의 벧 싯다에 이르고 또 답밧에 가까운 아벨므홀라의 경계에 이르렀으며

23 이스라엘 사람들은 납달리와 아셀과 온 므낫세에서부터 부름을 받고 미디안을 추격하였더라

마음의 문을 열며

통제되지 않는 인공지능 발달의 가속화, 실시간으로 서로 영향을 미치는 세계 경제, 환경 악화로 인한 동시다발적 이상 기온, 양극화된 구조의 심화에 따른 사회 정치적인 긴장, 가짜 뉴스로 넘치는 과부화된 정보, 코로나19와 같은 전 지구적 팬데믹 등은 우리의 미래를 불안과 두려움으로 이끕니다.

그리스도인은 이처럼 불안한 미래를 어떻게 두려움에 붙들리지 않고 지날 수 있을까요? 두려움은 원죄를 가진 인간의 본성이기에 일반의 대중 요법으로는 온전히 해결할 수 없습니다.

오늘 본문은 두려움에 대한 하나님의 처방책을 보여주고 있습니다. 말씀 속에서 하나님과 동행하는 그리스도인답게 불확실과 불안의 시대를 돌파하는 능력을 체득하는 시간이 되기를 바랍니다.

말씀의 씨를 뿌리며

1 성경은 기드온을 겁이 많은 자로(삿 6:15), 믿음이 부족한 자로 표현하고 있습니다(삿 6:27, 39a). 그럼에도 하나님은 기드온을 "큰 용사"라고 부르고 있습니다. 이처럼 두려움 많고 소심한 사람조차도 하나님 보시기에 큰 용사가 될 수 있는 이유는 무엇입니까?

- 6:12

- 사 41:10

2 미디안 족속은 이스라엘이 추수할 때가 되면 약탈하기 위해 쳐들어왔고, 그때마다 이스라엘 사람들은 이들을 피해 산의 웅덩이나 굴 속으로 피신했습니다(삿 6:2). 본문에서 이스라엘을 침략한 미디안 연합군은 13만 5천 명이었고(삿 8:10), 이에 맞서기 위해 기드온이 소집한 이스라엘 군사는 3만 2천 명이었습니다(삿 7:3). 이처럼 군사력이 역부족인 상황에서 하나님께서 기드온에게 하신 명령이 무엇인지 순차적으로 살펴보세요. 또 이렇게 하신 이유는 무엇인지 당신의 생각을 풀어서 말해보세요.

- 7:3-6

- 7:2

3 마침내 미디안의 연합군 13만 5천 명과 싸우기 위해 기드온과 함께 전쟁에 나갈 300명 만 남았습니다. 기드온이 남은 자들에게 선포하고 명령한 것은 무엇입니까? 또 지금 이스라엘 군사 300명에게 주어진 것이 칼과 창이 아니라 횃불을 숨긴 항아리와 나팔이라는 사실이 의미하는 바는 무엇인지 이야기해보세요.

- 7:15b

- 7:16-18

4 아무리 연약하고 부족해도 하나님이 함께 하시면 큰 용사가 될 수 있습니다. 다음 글을 읽고 이 사실을 묵상해보세요.

> 루터가 1517년 10월 31일 면죄부에 관한 95개조 논제의 항의문을 비텐베르크 교회 정문에 게시함으로 종교개혁이 시작된 것은 우리가 잘 알고 있는 역사적 사실입니다. 이로 인해 1518년 루터 체포령이 내려지고, 루터는 1521년 1월에, 당시로서는 사회적 죽음이라고 할 수 있는 파문(破門)을 당했습니다.
>
> 당시 황제였던 카를 5세는 루터의 종교개혁을 탄압하기 위해서 브롬스회의를 개최했습니다. 그리고 루터는 회의에 참석하라는 소환장을 받습니다. 친구들은 루터에게 브롬스에 가지 말 것을 강권했습니다. 그곳에 가는 것은 죽음을 무릅쓰는 일이었습니다. 그러나 루터는 1521년 4월 16일 브롬스에 도착했습니다. 루터는 어떻게 죽음을 불사하며 이처럼 신앙으로 전진할 수 있었을까요? 브롬스에 도착한 루터가 외친 첫 마디가 "하나님이 나와 함께하실 것이다"였습니다.

5 13만 5천 명의 미디안 연합군을 앞에 둔 이스라엘처럼, 우리에게도 하나님을 대적하는 수많은 세력과 환경이 있습니다. 성경은 하나님과 함께함이 우리의 힘이요 세상을 이기는 능력이라고 말씀합니다.

당신은 일마다 때마다 얼마나 하나님과 함께하고 있습니까? 어떤 상황에서도 하나님과 함께하기 위한 당신의 각오와 결심을 나눠보세요.

삶의 열매를 거두며

하나님은 우리의 힘으로 세상을 이기는 것을 원치 않으십니다. 하나님께서 기드온과 함께 싸울 용사의 수를 줄이신 것은 스스로 자랑하지 못하게 하기 위함입니다(삿 7:2b). 어떻게 하면 보이는 세상을 두려워하지 않고 전진할 수 있을까요? 비결은 "하나님이 나와 함께하시는 것"에 있습니다. 참으로 부족하고 두려움이 많은 우리들이지만, 어떤 경우에도 하나님 편에 섬으로써 맡기신 사명에 끝까지 쓰임 받는 "큰 용사"로 살아갈 수 있도록 성령님의 도우심을 구하는 기도를 드립시다.

memo

여기까지 도우셨다

사무엘상 7:2-14

2 궤가 기럇여아림에 들어간 날부터 이십 년 동안 오래 있은지라 이스라엘 온 족속이 여호와를 사모하니라

3 사무엘이 이스라엘 온 족속에게 말하여 이르되 만일 너희가 전심으로 여호와께 돌아오려거든 이방 신들과 아스다롯을 너희 중에서 제거하고 너희 마음을 여호와께로 향하여 그만을 섬기라 그리하면 너희를 블레셋 사람의 손에서 건져내시리라

4 이에 이스라엘 자손이 바알들과 아스다롯을 제거하고 여호와만 섬기니라

5 사무엘이 이르되 온 이스라엘은 미스바로 모이라 내가 너희를 위하여 여호와께 기도하리라 하매

6 그들이 미스바에 모여 물을 길어 여호와 앞에 붓고 그 날 종일 금식하고 거기에서 이르되 우리가 여호와께 범죄하였나이다 하니라 사무엘이 미스바에서 이스라엘 자손을 다스리니라

7 이스라엘 자손이 미스바에 모였다 함을 블레셋 사람들이 듣고 그들의 방백들이 이스라엘을 치러 올라온지라 이스라엘 자손들이 듣고 블레셋 사람들을 두려워하여

8 이스라엘 자손이 사무엘에게 이르되 당신은 우리를 위하여 우리 하나님 여호와께 쉬지 말고 부르짖어 우리를 블레셋 사람들의 손에서 구원하시게 하소서 하니

9 사무엘이 젖 먹는 어린 양 하나를 가져다가 온전한 번제를 여호와께 드리고 이스라엘을 위하여 여호와께 부르짖으매 여호와께서 응답하셨더라

10 사무엘이 번제를 드릴 때에 블레셋 사람이 이스라엘과 싸우려고 가까이 오매 그 날에 여호와께서 블레셋 사람에게 큰 우레를 발하여 그들을 어지럽게 하시니 그들이 이스라엘 앞에 패한지라

11 이스라엘 사람들이 미스바에서 나가서 블레셋 사람들을 추격하여 벧갈 아래에 이르기까지 쳤더라

12 사무엘이 돌을 취하여 미스바와 센 사이에 세워 이르되 여호와께서 여기까지 우리를 도우셨다 하고 그 이름을 에벤에셀이라 하니라

13 이에 블레셋 사람들이 굴복하여 다시는 이스라엘 지역 안에 들어오지 못하였으며 여호와의 손이 사무엘이 사는 날 동안에 블레셋 사람을 막으시매

14 블레셋 사람들이 이스라엘에게서 빼앗았던 성읍이 에그론부터 가드까지 이스라엘에게 회복되니 이스라엘이 그 사방 지역을 블레셋 사람들의 손에서 도로 찾았고 또 이스라엘과 아모리 사람 사이에 평화가 있었더라

마음의 문을 열며

성도가 하나님의 도우심 없이 무엇을 이루려 한다면 그것은 비극입니다. 만일 기도하지 않고 말씀도 가까이 하지 않는데도 세상적으로 일이 잘 풀리는 것처럼 보인다면 그것은 결코 복일 수 없습니다. 왜냐하면 성도는 "하나님을 힘입어 살며 기동하는 존재"로서(행 17:28), 믿지 않는 사람들과는 세상을 살아가는 방식이나 삶을 이루는 체질이 다른 특별한 사람들이기 때문입니다.

오늘 본문은 하나님께서 그의 백성을 어떻게, 어디까지 도우시는지를 보여주고 있습니다. 말씀 속에서 사무엘처럼 "여기까지 도우시는" 에벤에셀의 하나님을 발견하고, 바울처럼 "하나님의 도우심을 받아 오늘까지 서는"(행 26:22) 은혜에 사로잡히는 시간이 되기를 바랍니다.

말씀의 씨를 뿌리며

1 하나님의 백성이 회복을 넘어 부흥으로 나아가기 위해서는 세상과는 다른 특별한 과정이 필요합니다. 이스라엘 백성들이 전심으로 하나님께 돌아가기 위해 사무엘이 선포한 것은 무엇입니까?

• 3절

• 5절

2 이스라엘 백성들이 미스바에 모여서 물을 길어 제물 삼아 하나님 앞에 붓고, 온종일 금식하며 참된 회개의 문을 열었습니다. 하지만 사탄은 성도의 회개를 누구보다 싫어하기에 블레셋을 동원해서 이스라엘의 기도회를 위협했습니다. 블레셋이 이스라엘과 싸우려고 가까이 왔던 그날에 하나님께서 행하신 역사를 살펴보세요. 또 이것이 사무엘을 위한 한나의 기도와 어떻게 연결되고 있는지 말해보세요.

• 10절

- 삼상 2:10

3 사무엘은 하나님께서 블레셋 군대를 쳐서 이스라엘에게 승리를 주신 것을 기념하기 위해 돌을 하나 가져다가 미스바와 센 사이에 세우고 "여호와께서 여기까지 우리를 도우셨다"라고 그 이름을 에벤에셀이라 짓고 오고 오는 세대에게 하나님의 도우심이 전해지기 원했습니다. 다음 구절에서 하나님의 도우심이 갖는 의미를 생각해보고, 당신에게도 '하나님이 내 삶을 여기까지, 이 문제까지 도우셨다'는 경험이 있다면 함께 나눠보세요.

- 12-13절

- 롬 8:28

4 "여호와께서 여기까지 우리를 도우셨다"라는 에벤에셀의 뜻 속에는 과거의 아픔과 실망, 슬픔까지도 새로운 은혜로 전환시키시는 섭리의 은혜가 담겨 있습니다. 다음 글을 읽고 이 사실을 묵상해보세요.

> 고통과 슬픔을 만날 때, 세상 사람들에게는 없고 성도에게만 있는 것이 무엇입니까? 그것은 예수님의 슬픔과 고통입니다. 우리가 과거의 혹독한 아픔과 고통 그리고 치명적인 슬픔까지도 합력하여 선을 이루시는 하나님이심을 믿는 이유는, 하나님께서 예수님의 슬픔과 고통을 그렇게 하셨기 때문입니다. 하나님은 십자가의 고통을 부활의 영광으로, 죄의 슬픔을 구속의 기쁨으로 바꾸셨습니다.
>
> 고통의 자리까지 임하시고 우리를 도우시는 하나님의 섭리에 대해 존 파이퍼 목사님은 이렇게 이야기합니다. "나는 지난 50년 동안 고통 당하는 사람들을 하나님의 말씀으로 섬겨왔는데, 이에 근거해 다음과 같이 증언할 수 있다. 내가 듣거나 목격한 사람 중에, 고통(여기에는 자신의 고통은 물론 사랑하는 사람의 고통과 죽음도 포함된다)때문에 하나님의 편만한 섭리의 진리를 버렸다고 하는 사람이 하나라면, 고통과 상실 중에도 하나님의 절대 주권이라는 성경적 진리가 자신의 믿음을 구했다고 증언하는 사람은 열이었다."*

---

* 존 파이퍼, 《섭리》, 생명의말씀사, 750쪽

5 '여기까지 도우시는' 에벤에셀의 은혜는 하나님 앞에 물을 붓고 금식하며 자신을 드리는 참된 회개에서 시작됩니다. 동시에 여기까지 도우시는 하나님을 경험하기 위해서는 '쉬지 말고 부르짖는' 기도가 뒤따라야 합니다(삼상 7:8).

우리 각자가 하나님 앞에 회개해야 할 것은 무엇이 있는지 자신을 살펴보고, 부르짖는 기도를 위해 어떻게 시간과 장소를 떼어 놓을지 당신의 다짐을 적어보세요.

....

....

....

....

....

삶의 열매를 거두며

'여기까지' 하나님의 도우심은 우리의 현재는 물론 과거와 미래까지 포함합니다. 이런 이유로 성도는 불같은 시험이나 홍수처럼 모든 것을 쓸어가는 고통과 슬픔 속에서도 여전히 그 입술에는 찬송이 있습니다(시 34:1-2). 그러므로 우리가 어떤 형편에서도 에벤에셀 속에 담긴 하나님의 섭리의 은혜를 믿고 힘있게 살아갈 수 있도록 성령님의 도우심을 구하는 기도를 드립시다.

Lesson 17

부흥의 실체를 경험한 사람

역대상 4:9-10

9 야베스는 그의 형제보다 귀중한 자라 그의 어머니가 이름하여 이르되 야베스라 하였으니 이는 내가 수고로이 낳았다 함이었더라

10 야베스가 이스라엘 하나님께 아뢰어 이르되 주께서 내게 복을 주시려거든 나의 지역을 넓히시고 주의 손으로 나를 도우사 나로 환난을 벗어나 내게 근심이 없게 하옵소서 하였더니 하나님이 그가 구하는 것을 허락하셨더라

마음의 문을 열며

'일생에 한 번이라도 부흥을 경험한 적이 있는가?' 이는 성도들을 향한 간절한 마음이 담긴 질문입니다. 왜냐하면 참된 부흥은 성도의 삶 속에 하나님의 임재와 성령의 기름부으심이 있음을 나타내기 때문입니다. 하나님께서 우리의 오른손을 붙잡고 동행하시고(시 73:23), 성령님께서 즐거움의 기름을 부으시는(시 45:7) 인생만큼 복된 삶이 또 있을까요?

오늘 본문에서 우리는 부흥을 삶의 실체로 경험한 인물을 만나게 됩니다. 누구나 부흥을 소원하지만 모두가 부흥을 경험하지는 못하는 현실에서, 야베스의 기도는 우리의 삶을 가로막고 있는 부흥의 장벽을 돌파하는 영적 실마리를 보여주고 있습니다. 아무쪼록 말씀 속에서 우리 인생에 부흥의 문을 열고 기쁨의 기름이 부어지는 시간이 되기를 바랍니다.

말씀의 씨를 뿌리며

1 성경에는 야베스에 대한 충분한 정보가 없습니다. 그럼에도 우리가 그의 이름의 뜻을 통하여 추론할 수 있는 것은 무엇입니까?

- 9절

　

　

　

　

　

2 야베스는 무엇을 위해 기도하고 있습니까? 그의 기도에 나타난 네 가지 기도 제목을 찾아 적어보고, 이 구절을 당신의 말로 풀어서 말해보세요.

- 10절

3 야베스의 기도는 오늘날의 목회적인 언어로 이렇게 표현할 수 있습니다.

"내게 복을 주시려거든": 주여 축복의 근원이 되게 하옵소서. 제사장 나라가 되게 하옵소서.
"나의 지역을 넓히시고": 주님께 더 쓰임 받을 수 있도록 선한 영향력을 주옵소서.
"주의 손으로 나를 도우사": 하나님께 전적으로 위탁하는 삶을 살게 하옵소서.
"나로 환난을 벗어나 내게 근심이 없게 하옵소서": 죄의 횡포로 인한 고통이 삶에서 기승을 부리지 못하게 하옵소서.

위의 기도 중에서 지금 당신에게 가장 절실한 기도제목을 이야기하고 그 이유를 진솔하게 나누어보세요.

4 야베스의 기도의 핵심은 참된 복을 구하는 데 있습니다. 다음 글을 읽고 우리가 구하는 진정한 복에 대해서 묵상해보세요.[*]

> "하나님이여! 나에게 진정한 복을 주옵소서.
> 주께서 섭리 가운데 주신 은과 금, 재물들이 우상이 되지 않게 하소서. 주께서 은혜로 함께 하지 않으시면 이런 소유는 파멸이 될 뿐입니다.
> 아버지여, 나에게 진정한 복을 주옵소서.
> 주께서 주시는 것이 무엇이든 다른 사람에게 베풀고 나누게 하소서.
> 하나님이여, 나에게 참된 복을 주옵소서.
> 내 이름이 대리석에 새겨진다고 해도 어린 양의 생명책에 기록되지 않으면 무슨 소용이 있겠습니까? 주께서 주시는 복은 나를 참으로 명예롭게 할 것입니다.
> 하나님이여 나에게 참된 복을 주옵소서.
> 육체적인 건강도 허락하셔서 주님을 섬기고 주께 영광 돌리는 데 온 힘을 다하게 하소서. 그렇지 않으면 아무리 건강한 복을 받았다고 할지라도 진정한 복을 받은 것이 아닙니다.
> 주여 진정한 복을 주옵소서.
> 전능하신 하나님의 보살핌을 받는 가정을 주옵소서. 자녀들이 아버지의 집을 떠나 방황하지 않게 하소서."

....

....

....

....

[*] 찰스 스펄전이 야베스가 구하는 진정한 복을 기도로 표현한 것이다.

5 우리가 야베스의 기도에서 배우는 것은 진정한 복을 구하는 것입니다. 진정한 복을 구하는 이유는 세상의 빈껍데기 같은 복에 취하지 않기 위해서입니다. 세상의 복은 그것이 무엇이든 영혼의 갈급함을 채우지 못합니다. 진정한 복의 핵심은 우리를 하나님께 가까이 가게 하는 것입니다. 지금 당신은 기도를 통해서 하나님께 더욱 가까이 가고 있습니까? 당신의 기도가 참된 복을 구하는 기도가 되기 위해서 더 요구되는 것은 무엇인지 말해보세요.

삶의 열매를 거두며

신약시대를 사는 우리는 구약시대의 야베스보다 더 큰 복을 받은 사람들입니다. 야베스는 예수님이 지신 십자가의 은혜도, 오순절에 임하신 성령님의 기름부으심에 대해서도 알지 못했습니다. 우리가 세상의 복에 취하지 않고 하나님께서 주시는 참된 복을 구함으로, 복의 근원이 되고 삶의 지경이 주님의 통치권으로 더욱 넓어지며, 죄악의 횡포에서 벗어나 하나님께서 주시는 참된 복의 즐거움을 경험하며 살도록 성령님의 도우심을 구하는 기도를 드립시다.

memo

메마른 땅이 샘물 되고

역대상 21:1-27

1 사탄이 일어나 이스라엘을 대적하고 다윗을 충동하여 이스라엘을 계수하게
   하니라

2 다윗이 요압과 백성의 지도자들에게 이르되 너희는 가서 브엘세바에서부터
   단까지 이스라엘을 계수하고 돌아와 내게 보고하여 그 수효를 알게 하라 하니

3 요압이 아뢰되 여호와께서 그 백성을 지금보다 백 배나 더하시기를 원하나이
   다 내 주 왕이여 이 백성이 다 내 주의 종이 아니니이까 내 주께서 어찌하여
   이 일을 명령하시나이까 어찌하여 이스라엘이 범죄하게 하시나이까 하나

4 왕의 명령이 요압을 재촉한지라 드디어 요압이 떠나 이스라엘 땅에 두루 다닌
   후에 예루살렘으로 돌아와

5 요압이 백성의 수효를 다윗에게 보고하니 이스라엘 중에 칼을 뺄 만한 자가
   백십만 명이요 유다 중에 칼을 뺄 만한 자가 사십칠만 명이라

6 요압이 왕의 명령을 마땅치 않게 여겨 레위와 베냐민 사람은 계수하지 아니하
   였더라

7 하나님이 이 일을 악하게 여기사 이스라엘을 치시매

8 다윗이 하나님께 아뢰되 내가 이 일을 행함으로 큰 죄를 범하였나이다 이제
   간구하옵나니 종의 죄를 용서하여 주옵소서 내가 심히 미련하게 행하였나이
   다 하니라

9 여호와께서 다윗의 선견자 갓에게 말씀하여 이르시되

10 가서 다윗에게 말하여 이르기를 여호와의 말씀이 내가 네게 세 가지를 내어 놓으리니 그 중에서 하나를 네가 택하라 내가 그것을 네게 행하리라 하셨다 하라 하신지라

11 갓이 다윗에게 나아가 그에게 말하되 여호와의 말씀이 너는 마음대로 택하라

12 혹 삼년 기근이든지 혹 네가 석 달을 적군에게 패하여 적군의 칼에 쫓길 일이든지 혹 여호와의 칼 곧 전염병이 사흘 동안 이 땅에 유행하며 여호와의 천사가 이스라엘 온 지경을 멸할 일이든지라고 하셨나니 내가 무슨 말로 나를 보내신 이에게 대답할지를 결정하소서 하니

13 다윗이 갓에게 이르되 내가 곤경에 빠졌도다 여호와께서는 긍휼이 심히 크시니 내가 그의 손에 빠지고 사람의 손에 빠지지 아니하기를 원하나이다 하는지라

14 이에 여호와께서 이스라엘 백성에게 전염병을 내리시매 이스라엘 백성 중에서 죽은 자가 칠만 명이었더라

15 하나님이 예루살렘을 멸하러 천사를 보내셨더니 천사가 멸하려 할 때에 여호와께서 보시고 이 재앙 내림을 뉘우치사 멸하는 천사에게 이르시되 족하다 이제는 네 손을 거두라 하시니 그 때에 여호와의 천사가 여부스 사람 오르난의 타작 마당 곁에 선지라

16 다윗이 눈을 들어 보매 여호와의 천사가 천지 사이에 섰고 칼을 빼어 손에 들고 예루살렘 하늘을 향하여 편지라 다윗이 장로들과 더불어 굵은 베를 입고 얼굴을 땅에 대고 엎드려

17 하나님께 아뢰되 명령하여 백성을 계수하게 한 자가 내가 아니니이까 범죄하고 악을 행한 자는 곧 나이니이다 이 양 떼는 무엇을 행하였나이까 청하건대 나의 하나님 여호와여 주의 손으로 나와 내 아버지의 집을 치시고 주의 백성에게 재앙을 내리지 마옵소서 하니라

18 여호와의 천사가 갓에게 명령하여 다윗에게 이르시기를 다윗은 올라가서 여부스 사람 오르난의 타작 마당에서 여호와를 위하여 제단을 쌓으라 하신지라

19 이에 갓이 여호와의 이름으로 이른 말씀대로 다윗이 올라가니라

20 그 때에 오르난이 밀을 타작하다가 돌이켜 천사를 보고 오르난이 네 명의 아들과 함께 숨었더니

21 다윗이 오르난에게 나아가매 오르난이 내다보다가 다윗을 보고 타작 마당에서 나와 얼굴을 땅에 대고 다윗에게 절하매

22 다윗이 오르난에게 이르되 이 타작하는 곳을 내게 넘기라 너는 상당한 값으로 내게 넘기라 내가 여호와를 위하여 여기 한 제단을 쌓으리니 그리하면 전염병이 백성 중에서 그치리라 하니

23 오르난이 다윗에게 말하되 왕은 취하소서 내 주 왕께서 좋게 여기시는 대로 행하소서 보소서 내가 이것들을 드리나이다 소들은 번제물로, 곡식 떠는 기계는 화목으로, 밀은 소제물로 삼으시기 위하여 다 드리나이다 하는지라

24 다윗 왕이 오르난에게 이르되 그렇지 아니하다 내가 반드시 상당한 값으로 사리라 내가 여호와께 드리려고 네 물건을 빼앗지 아니하겠고 값 없이는 번제를 드리지도 아니하리라 하니라

25 그리하여 다윗은 그 터 값으로 금 육백 세겔을 달아 오르난에게 주고

26 다윗이 거기서 여호와를 위하여 제단을 쌓고 번제와 화목제를 드려 여호와께 아뢰었더니 여호와께서 하늘에서부터 번제단 위에 불을 내려 응답하시고

27 여호와께서 천사를 명령하시매 그가 칼을 칼집에 꽂았더라

마음의 문을 열며

광야는 물과 먹을 것이 없고 뱀이 우글거리며, 우리를 낙심시키는 곳입니다. 세상은 사방이 쩍쩍 갈라진 거친 광야 길을 걷는 사람을 보고 '저 사람은 곧 쓰러질 거야, 머지않아 인생이 끝날 거야'라고 말합니다. 그러나 생명의 역사가 일어나면 쓰러지고 끝날 것 같은 사람이 살아날 뿐 아니라, 복의 통로가 되는 대반전을 경험할 수 있습니다.

오늘 본문은, 1 더하기 1은 2가 되고 뿌린 대로 거두는 인과응보(因果應報)의 논리가 지배하는 이 땅에서, 선하신 하나님께서 어떻게 은혜의 원리로 메마른 인생, 소망 없는 삶을 일으키시고 복음 역사의 주인공으로 삼으시는지를 보여줍니다. 말씀 속에서 인간의 모든 생각을 초월하는 하나님의 놀라운 구원 역사에 감격하며, 복음을 통한 부흥의 기적을 목도하는 시간이 되기를 바랍니다.

말씀의 씨를 뿌리며

1 다윗은 그의 통치 말기에 융성한 왕국의 위세를 떨치며 국력을 과시하고 싶은 마음에 사로잡혔습니다. 이를 위해 다윗이 명령한 것은 무엇이며, 하나님께서는 이러한 행위에 대해 어떻게 심판하셨습니까?

· 1절

....

....

· 7절

....

....

· 14절

....

....

....

2 다윗의 큰 범죄로 인해 이스라엘 백성들이 전염병으로 죽어나갈 때, 세상은 다윗 왕조가 끝난 것처럼 여겼을지 모릅니다. 이때 다윗이 가슴이 찢어지는 고통 가운데서 행한 것은 무엇입니까? 이것이 구원사적으로 주는 의미를 말해보세요.

· 24-26절

....

....

....

• 대하 3:1

3 인생은 고난의 바다를 건너는 여정입니다. 천하의 다윗도 죽음의 골짜기를 경험했습니다. 그럼에도 그는 자신에게 일어난 고난에만 붙들리지 않고 오히려 자신에게 부어진 하나님의 풍성한 은혜를 노래했습니다(시 40:5). 다윗이 삶의 위기에서 주저앉지 않고 일어서게 된 동력은 오늘을 사는 우리에게도 영적 통찰을 제시하고 있습니다. 다음 구절을 통해 이 사실을 생각해보고, 당신의 말로 이야기해보세요.

• 대상 22:1

• 시 34:1

4 다음 글을 읽고 징벌 속에서도 오르난의 타작 마당을 예루살렘 성전으로 바꾸시는 하나님의 섭리의 신비에 대해서 묵상해보세요.

"솔로몬이 예루살렘 모리아 산에 여호와의 전 건축하기를 시작하니 그 곳은 전에 여호와께서 그의 아버지 다윗에게 나타나신 곳이요 여부스 사람 오르난의 타작 마당에 다윗이 정한 곳이라" (대하 3:1).

다윗이 자신의 범죄를 회개하고 제단을 쌓기 위해 오르난의 타작 마당과 주위 산을 샀는데, 그 곳이 후에 솔로몬이 예루살렘 성전을 건축하는 땅이 되었습니다. 이것은 신구약 전체 계시 역사의 큰 터닝포인트가 되었습니다.

오르난의 타작 마당이 있던 모리아 산은 아브라함이 하나님의 명령에 따라 독자 이삭을 데리고 제물로 바쳤던 곳입니다(창 22:2). 아브라함이 독자 이삭을 제물로 바치는 것은 독생자 예수 그리스도가 십자가에 달려 돌아가시는 것의 예표입니다. 이삭을 드렸던 모리아 산이 오르난의 타작 마당이 되고, 또 이 곳은 이스라엘 백성뿐 아니라 만민이 기도하는 집이 되었습니다(사 56:7).

그리고 예수님이 이 땅에 오셔서 예루살렘 성전 그 근처에서 십자가에 달려 돌아가심으로 예수님이 우주적 성전이 되셨고, 오늘도 우주적 성전 앞에 나오는 자마다 보혈의 능력과 피로 주님의 자녀가 되게 만들어 주십니다.

오르난의 타작 마당을 예루살렘 성전으로, 천하만민이 기도하는 집으로 바꾸어 주시는 하나님의 놀라운 계시의 역사, 언약의 역사는 오늘도 유효합니다.

5 하나님은 우리가 범죄함으로 고통받을 때조차도 우리를 위한 더 위대한 섭리를 계획하고 계십니다. 그러므로 그리스도인의 삶에 실망은 있어도 절망은 있을 수 없습니다.

어떻게 하면 사막 같은 인생, 광야 같은 인생에 샘물이 나고 꽃이 피게 할 수 있을까요? 오늘 말씀의 교훈을 상기하면서 이를 위한 당신의 각오를 말해보세요.

삶의 열매를 거두며

그리스도인의 성숙은 하나님의 섭리에 대한 이해도와 직결됩니다. 10년 20년 교회 생활을 하면서도 어려움이 있을 때마다 두려워하고 인생길에 일어날 일들을 염려하는 것은 하나님의 섭리에 눈이 열려 있지 못했기 때문입니다. 인생길의 고난이 오르난의 타작 마당의 예배로 이어지고, 하나님의 큰 구원 역사의 대반전을 이루는 영적 토양으로 작동할 수 있도록 성령님의 도우심을 구하는 기도를 드립시다.

memo

부흥을 위한 기도

역대하 14:1-13

1 아비야가 그의 조상들과 함께 누우매 다윗 성에 장사되고 그의 아들 아사가 대신하여 왕이 되니 그의 시대에 그의 땅이 십 년 동안 평안하니라

2 아사가 그의 하나님 여호와 보시기에 선과 정의를 행하여

3 이방 제단과 산당을 없애고 주상을 깨뜨리며 아세라 상을 찍고

4 유다 사람에게 명하여 그 조상들의 하나님 여호와를 찾게 하며 그의 율법과 명령을 행하게 하고

5 또 유다 모든 성읍에서 산당과 태양상을 없애매 나라가 그 앞에서 평안함을 누리니라

6 여호와께서 아사에게 평안을 주셨으므로 그 땅이 평안하여 여러 해 싸움이 없은지라 그가 견고한 성읍들을 유다에 건축하니라

7 아사가 일찍이 유다 사람에게 이르되 우리가 우리 하나님 여호와를 찾았으므로 이 땅이 아직 우리 앞에 있나니 우리가 이 성읍들을 건축하고 그 주위에 성곽과 망대와 문과 빗장을 만들자 우리가 주를 찾았으므로 주께서 우리 사방에 평안을 주셨느니라 하고 이에 그들이 성읍을 형통하게 건축하였더라

8 아사의 군대는 유다 중에서 큰 방패와 창을 잡는 자가 삼십만 명이요 베냐민 중에서 작은 방패를 잡으며 활을 당기는 자가 이십팔만 명이라 그들은 다 큰 용사였더라

9 구스 사람 세라가 그들을 치려 하여 군사 백만 명과 병거 삼백 대를 거느리고 마레사에 이르매

10 아사가 마주 나가서 마레사의 스바다 골짜기에 전열을 갖추고

11 아사가 그의 하나님 여호와께 부르짖어 이르되 여호와여 힘이 강한 자와 약한 자 사이에는 주밖에 도와 줄 이가 없사오니 우리 하나님 여호와여 우리를 도우소서 우리가 주를 의지하오며 주의 이름을 의탁하옵고 이 많은 무리를 치러 왔나이다 여호와여 주는 우리 하나님이시오니 원하건대 사람이 주를 이기지 못하게 하옵소서 하였더니

12 여호와께서 구스 사람들을 아사와 유다 사람들 앞에서 치시니 구스 사람들이 도망하는지라

13 아사와 그와 함께 한 백성이 구스 사람들을 추격하여 그랄까지 이르매 이에 구스 사람들이 엎드러지고 살아 남은 자가 없었으니 이는 여호와 앞에서와 그의 군대 앞에서 패망하였음이라 노략한 물건이 매우 많았더라

마음의 문을 열며

한 생애를 살면서 굴곡 없는 인생은 없습니다. 때로는 삶의 낭떠러지 앞에서 '이제는 죽겠구나' 하는 순간도 있습니다. 위기는 신앙의 맨얼굴이 드러나는 결정적인 시간이지만, 동시에 평범한 신앙인이 비범한 신앙의 문을 여는 거룩한 기회이기도 합니다. 성경은 그리스도인에게 인생의 위기는 하나님의 신적 개입을 통한 부흥의 시작임을 보여주고 있습니다.

오늘 본문은 개인과 국가가 존망의 갈림길에 서 있을 때 오직 하나님만 의지함으로 큰 부흥의 역사를 이루는 극적인 현장 속에 우리를 초청하고 있습니다. 아무쪼록 인생의 위기 속에 하나님의 도우심을 경험하는 것이 다른 사람의 간증이 아니라 바로 나 자신의 이야기가 되는 시간이 되기를 바랍니다.

말씀의 씨를 뿌리며

1 아버지 아비야를 이어 왕이 되었던 아사는 여호와 보시기에 선하고 옳은 일을 했습니다(2절). 무엇보다 우상과 산당을 제거하여 나라를 정결하게 했고, 이로 인해 하나님은 남 유다 왕국에 평안을 주셨습니다. 이처럼 안팎으로 형통함을 누리던 때, 아사와 유다 백성의 운명을 결정하는 절체절명의 순간이 찾아왔습니다. 그것이 무엇입니까?

• 9절

2 아사는 국가적 위기 앞에서 자신의 군대를 의지하지 않고 "주밖에 도와줄 이가 없사오니"라고 기도했습니다. 아사의 이 기도가 전쟁의 구도를 어떻게 바꾸었는지 살펴보고, 이 기도가 갖는 의미를 생각해보세요.

• 11a절

• 12절

• 대하 20:15b

---

3 신앙생활은 유람선을 타는 것이 아니라 전투함을 타는 것이며, 신앙인은 영적 전쟁의 구경꾼이 아니라 전사(戰士)입니다. 우리의 신앙고백은 반드시 삶의 현장에서 구체적으로 작동되어야 합니다. 아사의 "주밖에 도와 줄 이가 없사오니"라는 고백이 여러분의 삶의 실전(實戰)에서 실행되고 있습니까? 또한 아사의 기도가 당신의 믿음의 모험에 어떤 교훈을 주는지 말해보세요.

• 11b절

• 창 12:3

4 하나님이 우리 하나님이시기 때문에 '우리가 지면 하나님이 지는 것'이 됩니다. 다음 글을 읽고 이에 대해서 묵상해보세요

루터가 종교개혁을 하다 좌절하거나 포기하고 싶을 때마다 멜랑히톤은 루터에게 성경구절을 가지고 격려했고, 루터도 이 구절을 좋아하게 되었습니다. 그 구절은 바로 로마서 8장 31절입니다. "그런즉 이 일에 대하여 우리가 무슨 말 하리요 만일 하나님이 우리를 위하시면 누가 우리를 대적하리요."

이 구절에서 "우리"가 중요합니다. 도대체 '우리'가 누구이기에 하나님께서 우리의 대적을 하나님 자신의 대적으로 여기실까요? '우리'는 하나님의 큰 사랑, 하나님의 주권적 은혜를 입은 자들입니다. 본래 진노를 당해 마땅한 자들이지만, 우리는 하나님의 은혜를 입음으로 누구도 우리를 대적할 수 없는 것입니다. 이 말씀은 우리의 대적이 하나님의 대적임을 보여주고 있습니다. 우리가 지면 하나님이 지는 것입니다. 중요한 것은 우리를 좌절시키는 높은 파도와 폭풍우가 아니라, 이 가운데서 하나님이 내 편이신가 하는 것입니다.

5 하나님께서 위기에 처한 인생을 도와주실 것을 아는 것과 믿음으로 담대하게 현실을 마주하는 것은 다릅니다. 인생의 폭풍 앞에서 삶이 내동댕이쳐지는 순간에 당신은 어떤 태도를 보이고 있습니까?

어떻게 하면 하나님이 내 편임을 믿고 "주를 의지하오며 주의 이름을 의탁하여" 우리가 마주하는 수많은 난관을 치러 나갈 수 있을까요? 당신의 생각과 결단을 나눠보세요.

삶의 열매를 거두며

인생의 소용돌이 가운데 주저하지 않고 "주밖에 도와줄 이가 없습니다"라고 고백하는 것이 우리 신앙의 본능이 되어야 합니다. 그러나 현실은 폭풍 앞의 베드로처럼 우리의 영적인 시각을 마비시키고 두려움에 떨게 합니다. 생명의 진운(進運)이 다한 것 같은 절망적 상황에서도 본능적으로 하나님을 고백하고, 그 고백이 삶으로 실천될 수 있도록 성령님의 도우심을 구하는 기도를 드립시다.

신앙의 깊이 측정

에스겔 47:1-5

1 그가 나를 데리고 성전 문에 이르시니 성전의 앞면이 동쪽을 향하였는데 그 문 지방 밑에서 물이 나와 동쪽으로 흐르다가 성전 오른쪽 제단 남쪽으로 흘러 내리더라

2 그가 또 나를 데리고 북문으로 나가서 바깥 길로 꺾어 동쪽을 향한 바깥 문에 이르시기로 본즉 물이 그 오른쪽에서 스며 나오더라

3 그 사람이 손에 줄을 잡고 동쪽으로 나아가며 천 척을 측량한 후에 내게 그 물을 건너게 하시니 물이 발목에 오르더니

4 다시 천 척을 측량하고 내게 물을 건너게 하시니 물이 무릎에 오르고 다시 천 척을 측량하고 내게 물을 건너게 하시니 물이 허리에 오르고

5 다시 천 척을 측량하시니 물이 내가 건너지 못할 강이 된지라 그 물이 가득하여 헤엄칠 만한 물이요 사람이 능히 건너지 못할 강이더라

마음의 문을 열며

오랜 시간 신앙생활을 했지만, 약간의 사나운 세풍(世風)에도 흔들리는 신자들이 있습니다. 신앙의 뿌리가 깊지 않기 때문입니다. 신앙의 뿌리는 시간의 길이가 아니라 하나님께 나아가는 시간의 밀도에 의해서 결정됩니다. 어떻게 하면 우리의 신앙이 세상의 가뭄에도 마르지 않고, 세파(世波)에도 튼실한 가지를 뻗으며 더 풍성한 열매를 맺을 수 있을까요?

오늘 본문은 '깊이 있는 신앙'의 신비를 보여주고 있습니다. 이는 예수님의 말씀처럼, 세상 사람들은 도무지 알 수도 없는 놀랍고도 영광스러운 천국의 비밀입니다. 아무쪼록 말씀 속에서 우리의 신앙이 날마다 예수님께 더 깊이 뿌리 내리며, 세상의 태풍에도 흔들리지 않는 뿌리 깊은 신앙으로 거듭나는 시간이 되기를 바랍니다.

말씀의 씨를 뿌리며

1 에스겔은 그발 강가에서 영광스럽고도 놀라운 환상을 보았습니다. 이 환상 속에는 개인과 공동체가 회복을 넘어 부흥으로 나아가고 일평생 축복의 근원으로 살며, 세상의 바람에도 흔들리지 않을 수 있는 뿌리깊은 신앙의 비밀이 담겨 있습니다. 환상 속에서 성전 문지방의 밑에서 나온 물이 건너지 못할 강이 되기까지(5b) 어디로 어떻게 흐르고 있는지 정리해보세요.

· 1-5절

2 성전 문지방에서 나온 물은 처음에는 발목까지, 다시 무릎까지 그리고 허리까지 오르고 나중에는 건너지 못할 강처럼 깊고 넓어졌습니다. 신앙의 선조들은 이것을 '성전 뜰 신앙" 성소 신앙' 그리고 '지성소 신앙'으로 표현했습니다. 다음 구절들을 통해 각각의 표현이 의미하는 것을 말해보세요.

- 성전 뜰 신앙: 히 5:12-13

- 성소 신앙: 히 3:13-14

- 지성소 신앙: 히 11:25-26, 38a

3 에스겔의 환상에 비춰 볼 때 지금 당신의 신앙은 어느 수준의 깊이입니까? 하나님은 우리에게 허리까지 물이 차오르는 지성소 신앙을 원하십니다. 어떻게 하면 지성소 신앙의 경지에 들어갈 수 있을까요?

· 갈 2:20

_____

_____

_____

_____

4 다음 글을 읽고 지성소 신앙에 대해 묵상해보세요

> 지성소 신앙에 들어가는 것은 머리로만 신앙생활을 하던 것에서 두 발을 떼어 하나님의 임재와 교제의 장소로 들어가는 것을 말합니다. 찰스 스펄전은 지성소로 들어가지 않고 밖에만 머무는 사람들을 "정문을 놓아두고 뒷문으로 와서 바싹 마른 빵 조각을 얻고자 하는 영적인 거지들"이라고 표현했습니다. 지성소로 들어가면 하나님께서 배설하신 풍성하고 훌륭한 음식들이 가득한데 밖에서 부스러기로 굶주린 배를 채우려고 애쓰는 것은 어리석은 일입니다.
>
> 지성소에 들어가기 위해서 먼저 애굽에서 나와야 합니다. 애굽에서, 죄의 자리에서 나오지 않으면 지성소의 축복을 누릴 수 없습니다. 구약에서는 수소, 숫양 그리고 숫염소의 죽음으로 지성소가 열렸다면, 신약에서는 예수님의 십자가의 죽음으로 지성소가 열렸습니다.
>
> 오늘날 우리는 자신을 십자가에 못박는 자기죽음으로 지성소에 들어갈 수 있습니다. 이는 살아계신 하나님을 떠나게 만드는 불신앙과 나태한 삶을 버리고 하나님의 안식과 은총 그리고 하나님과의 교제 안으로 들어가라는 부르심입니다.

5 오늘날 우리의 지성소는 하나님의 임재가 있는 곳입니다. 주일예배와 공적 예배는 물론이요, 가정과 직장에 하나님의 임재가 있다면 그곳이 지성소입니다. 동시에 우리 자신을 전심으로 하나님께 드릴 수 있는 곳이 있다면 그곳이 지성소입니다.

어떻게 하면 내가 거하는 곳이 하나님이 임재하시는 곳이 되고, 우리 자신을 온전히 하나님께 토설하고 하나님의 음성을 들을 수 있는 장소가 될 수 있을까요? 이를 위한 당신의 생각과 결심을 나누어보세요.

삶의 열매를 거두며

하나님을 사랑하는 그리스도인은 누구나 성전 뜰 신앙이 아니라 지성소 신앙을 소원할 것입니다. 그럼에도 현실은 우리를 젖이나 먹고 단단한 음식은 삼키지 못하는 성전 뜰 신앙에 머물도록 유혹하고 있습니다. 왕궁의 모세가 아니라 호렙산에서 하나님의 음성을 듣고 신을 벗어 자기부인을 표현했던 모세처럼, 세상의 소리가 아니라 하나님의 음성에 굴복하며 자신을 하나님께 드리는 지성소 신앙의 삶을 살 수 있도록 성령님의 도우심을 구하는 기도를 드립시다.

memo

세상을 바꾸는 기도

다니엘 9:1-19

1 메대 족속 아하수에로의 아들 다리오가 갈대아 나라 왕으로 세움을 받던 첫 해

2 곧 그 통치 원년에 나 다니엘이 책을 통해 여호와께서 말씀으로 선지자 예레미야에게 알려 주신 그 연수를 깨달았나니 곧 예루살렘의 황폐함이 칠십 년만에 그치리라 하신 것이니라

3 내가 금식하며 베옷을 입고 재를 덮어쓰고 주 하나님께 기도하며 간구하기를 결심하고

4 내 하나님 여호와께 기도하며 자복하여 이르기를 크시고 두려워할 주 하나님, 주를 사랑하고 주의 계명을 지키는 자를 위하여 언약을 지키시고 그에게 인자를 베푸시는 이시여

5 우리는 이미 범죄하여 패역하며 행악하며 반역하여 주의 법도와 규례를 떠났사오며

6 우리가 또 주의 종 선지자들이 주의 이름으로 우리의 왕들과 우리의 고관과 조상들과 온 국민에게 말씀한 것을 듣지 아니하였나이다

7 주여 공의는 주께로 돌아가고 수치는 우리 얼굴로 돌아옴이 오늘과 같아서 유다 사람들과 예루살렘 거민들과 이스라엘이 가까운 곳에 있는 자들이나 먼 곳에 있는 자들이 다 주께서 쫓아내신 각국에서 수치를 당하였사오니 이는 그들이 주께 죄를 범하였음이니이다

8 주여 수치가 우리에게 돌아오고 우리의 왕들과 우리의 고관과 조상들에게 돌아온 것은 우리가 주께 범죄하였음이니이다 마는

9 주 우리 하나님께는 긍휼과 용서하심이 있사오니 이는 우리가 주께 패역하였음이오며

10 우리 하나님 여호와의 목소리를 듣지 아니하며 여호와께서 그의 종 선지자들에게 부탁하여 우리 앞에 세우신 율법을 행하지 아니하였음이니이다

11 온 이스라엘이 주의 율법을 범하고 치우쳐 가서 주의 목소리를 듣지 아니하였으므로 이 저주가 우리에게 내렸으되 곧 하나님의 종 모세의 율법에 기록된 맹세대로 되었사오니 이는 우리가 주께 범죄하였음이니이다

12 주께서 큰 재앙을 우리에게 내리사 우리와 및 우리를 재판하던 재판관을 쳐서 하신 말씀을 이루셨사오니 온 천하에 예루살렘에서 일어난 일 같은 것이 없나이다

13 모세의 율법에 기록된 대로 이 모든 재앙이 이미 우리에게 내렸사오나 우리는 우리의 죄악을 떠나고 주의 진리를 깨달아 우리 하나님 여호와의 얼굴을 기쁘게 하지 아니하였나이다

14 그러므로 여호와께서 이 재앙을 간직하여 두셨다가 우리에게 내리게 하셨사오니 우리의 하나님 여호와께서 행하시는 모든 일이 공의로우시나 우리가 그 목소리를 듣지 아니하였음이니이다

15 강한 손으로 주의 백성을 애굽 땅에서 인도하여 내시고 오늘과 같이 명성을 얻으신 우리 주 하나님이여 우리는 범죄하였고 악을 행하였나이다

16 주여 구하옵나니 주는 주의 공의를 따라 주의 분노를 주의 성 예루살렘, 주의 거룩한 산에서 떠나게 하옵소서 이는 우리의 죄와 우리 조상들의 죄악으로 말미암아 예루살렘과 주의 백성이 사면에 있는 자들에게 수치를 당함이니이다

17 그러하온즉 우리 하나님이여 지금 주의 종의 기도와 간구를 들으시고 주를 위하여 주의 얼굴 빛을 주의 황폐한 성소에 비추시옵소서

18 나의 하나님이여 귀를 기울여 들으시며 눈을 떠서 우리의 황폐한 상황과 주의 이름으로 일컫는 성을 보옵소서 우리가 주 앞에 간구하옵는 것은 우리의 공의를 의지하여 하는 것이 아니요 주의 큰 긍휼을 의지하여 함이니이다

19 주여 들으소서 주여 용서하소서 주여 귀를 기울이시고 행하소서 지체하지 마옵소서 나의 하나님이여 주 자신을 위하여 하시옵소서 이는 주의 성과 주의 백성이 주의 이름으로 일컫는 바 됨이니이다

마음의 문을 열며

"후회없이 살고 싶다." 인생길을 걷는 모든 사람의 바람입니다. 이 말은 한편으로 너무도 많은 사람이 후회 많은 한 생애를 산다는 반증이기도 합니다. 세상은 후회 없는 삶이라고 쓰고 꿈을 이루며 사는 삶이라고 읽습니다. 꿈을 성취하는 것이 후회 없는 삶의 비결임은 분명합니다. 그러나 그리스도인의 후회 없는 삶은 세상이 말하는 것과 다릅니다. 건강하고 풍족하게 적당히 나누며 자기만족으로 사는 것이 신앙인의 꿈이 될 수 없습니다.

오늘 본문은 그리스도인으로서 삶의 방점을 어디에 두어야 후회 없는 삶을 넘어 가장 가치 있는 삶을 살 수 있는지 그 길을 제시하고 있습니다. 말씀 속에서 기도의 짐을 지는 것이 자신은 물론 가족과 이웃과 세상을 변화시키는 거룩한 동력임을 깨닫는 시간이 되기를 바랍니다.

말씀의 씨를 뿌리며

1 다니엘은 하루에 세 번씩 정한 시간에 예루살렘 성전을 향해 창을 열고 기도했습니다(단 6:10). 그런데 다니엘이 하나님의 큰 역사를 이루는 데 쓰임 받은 것은 무작정 기도만 열심히 지속적으로 해서가 아닙니다. 다니엘이 깊은 기도를 드릴 수 있었던 근거는 무엇입니까?

• 2a절

_____

_____

_____

• 렘 29:10

_____

_____

_____

2 다니엘의 깊은 기도는 말씀에 대한 깊은 깨달음을 기초로 하고 있습니다. 말씀과 기도는 동전의 양면처럼 같이 가야 합니다. 그럴 때 절박한 기도, 세상을 바꾸는 기도를 드릴 수 있습니다. 다니엘이 하나님의 말씀을 깨닫고 드린 기도의 내용은 무엇입니까? 다음 구절 속에 나타난 공통점을 생각하며 대답해보세요.

• 5절

_____

_____

_____

- 9절

  ....

  ....

  ....

  ....

- 11절

  ....

  ....

  ....

  ....

- 15절

  ....

  ....

  ....

  ....

3 다니엘은 민족의 죄를 자신의 죄로 여겼고, 민족의 죄를 고발하는 것이
아니라 민족의 죄 짐을 지고 하나님께 나아갔습니다. 다음 구절들을 통
해 다니엘의 가슴속에 각인된 하나님의 모습을 살펴보세요. 또 다니엘
이 기도의 짐을 지고 엎드렸을 때, 하나님은 어떻게 반응하시는지 말해
보세요.

- 4절

  ....

  ....

  ....

  ....

- 7절

- 9절

- 15절

- 18절

- 23절

4 우리가 기도의 짐을 지고 하나님께 나아간다는 것은 어떤 의미일까요? 다음 글을 읽고 묵상해보세요.

기도의 짐을 진다는 것은 하나님의 뜻에 영적으로 정렬되는 것을 의미합니다. 하나님과 깊은 대화 속으로, 친밀한 관계 속으로 들어가면서 자신의 삶을 하나님의 생각과 뜻에 일치시키는 것입니다. 기도한다는 것은 하나님께 굴복하는 것, 하나님의 뜻을 기다리는 것, 야곱처럼 하나님과 씨름하는 것을 포함하고 있습니다. 이를 통해 영적 정렬이 이루어지는 것입니다. 자신의 생각을 하나님의 뜻에 맞추는 과정 속에서 하나님의 시각을 가지게 됨으로, 세상을 보는 눈이 달라지고 개인의 삶도 변화됩니다.

욥기 42장 10절은 하나님께서 기도의 짐을 지고 기도하는 사람의 필요를 어떻게 채워주시는지를 보여줍니다. "욥이 그의 친구들을 위하여 기도할 때 여호와께서 욥의 곤경을 돌이키시고 여호와께서 욥에게 이전 모든 소유보다 갑절이나 주신지라." 욥은 자신을 비난했던 친구를 위해 기도한 후에 하나님으로부터 이전보다 더 큰 복을 받았습니다. 성경 기자는 왜 이 사실을 마치 핀포인트로 콕 집어서 말하듯 기록했을까요? 여기에는 다른 사람을 위해 기도의 짐을 지는 사람이 받는 복을 말하려는 의도가 선명하게 드러나고 있습니다.

5 하나님은 내 문제가 없어도 하나님이 지워주시는 '거룩한 기도의 짐'을 지고 가는 사람을 통해 하나님의 역사를 이루어 가십니다. 그러한 기도의 짐을 지는 데에는 다니엘처럼 민족의 죄를 자신의 죄로 여기는 지체 의식과 공동체 의식이 필요합니다.

문제가 생기면 남 탓으로 돌리는 풍조 속에서, 어떻게 하면 기도의 짐을 지고 하나님께 나아갈 수 있을까요? 당신의 생각과 결심을 나눠보세요.

삶의 열매를 거두며

하나님은 기도의 짐을 지고 가는 자에게 쉼을 허락하시고 부흥의 문을 열어
주십니다(단 12:13). 그럼에도 자기 안위만 중시하는 인간 본성은 다른 지체들
과 공동체를 위해서 기도의 짐을 지는 것을 부담으로 여기고 어려워합니다.
이러한 죄 된 본성을 꺾고 목자의 심정으로 기꺼이 기도의 짐을 지는 자리로
나아갈 수 있도록 성령님의 도우심을 구하는 기도를 드립시다.

memo

기쁨의 부흥을 갈망함

느헤미야 8:9-12

9 백성이 율법의 말씀을 듣고 다 우는지라 총독 느헤미야와 제사장 겸 학사 에스라와 백성을 가르치는 레위 사람들이 모든 백성에게 이르기를 오늘은 너희 하나님 여호와의 성일이니 슬퍼하지 말며 울지 말라 하고

10 느헤미야가 또 그들에게 이르기를 너희는 가서 살진 것을 먹고 단 것을 마시되 준비하지 못한 자에게는 나누어 주라 이 날은 우리 주의 성일이니 근심하지 말라 여호와로 인하여 기뻐하는 것이 너희의 힘이니라 하고

11 레위 사람들도 모든 백성을 정숙하게 하여 이르기를 오늘은 성일이니 마땅히 조용하고 근심하지 말라 하니

12 모든 백성이 곧 가서 먹고 마시며 나누어 주고 크게 즐거워하니 이는 그들이 그 읽어 들려 준 말을 밝히 앎이라

마음의 문을 열며

오랫동안 목회를 하면서 늘 갖는 생각이 있습니다. 낚시를 20년 하면 낚시 고수가 되고, 운동을 20년 하면 그 분야에서 선수 못지않은 기량을 갖추게 됩니다. 그렇다면 신앙생활을 20년을 하면 '예수인(人)'이 돼야 하고, 그 사람의 근처만 가도 예수 향기가 만발(滿發)하는 것이 당연하지만 현실은 그렇지 못합니다.

어떻게 해야 신앙의 연륜이 깊어갈수록 더욱 예수님을 닮아가는 온전한 제자가 될 수 있을까요? 오늘 본문은 '말씀 앞에 우리가 어떻게 반응하느냐'가 참된 그리스도인인지 아닌지 그 여부를 결정짓는 시금석이라는 사실을 보여줍니다. 아무쪼록 언제 어디서라도 하나님의 말씀이라면 우리의 몸이 본능적으로 반응하는 체질로 변화되는 시간이 되기를 바랍니다.

말씀의 씨를 뿌리며

1 예루살렘 성벽 재건을 마친 유다 백성들은 삶의 자리로 돌아갔지만, 나팔절을 맞아 다시 모든 백성이 수문 앞 광장에 모였습니다. 그들은 학사 에스라에게 율법책을 낭독해줄 것을 요청했습니다. 에스라가 하나님의 율법책을 읽고 그 뜻을 해석하여 깨닫게 했을 때, 이스라엘 백성들은 어떻게 반응하였습니까?

- 9a절

2 하나님의 말씀이 이스라엘 백성들의 심중으로 깊이 들어가자 그들은 모두 울었습니다. 하나님을 제대로 섬기지 못한 죄악된 모습에 대한 회개의 눈물이면서 다른 한편으로는 바벨론에서 여기까지 인도하신 하나님께 올리는 감사의 눈물이었을 것입니다. 말씀 앞에서 우는 이스라엘 백성들에게 느헤미야가 권면한 것은 무엇입니까?

- 10b절

3 '예수인(人)'을 판별하는 중요한 시금석은 '하나님으로 인하여 기뻐하는 것'과 '그 기쁨이 내게 능력으로 작동하는 것'입니다. 그렇다면 여호와로 인하여 기뻐하는 것이 우리의 힘이 되는 이유가 무엇인지 다음 성경구절들을 통해 찾아보세요.

· 시 28:7

_____

_____

_____

_____

_____

_____

· 시 16:11

_____

_____

_____

_____

_____

_____

_____

4 다음 글을 읽고 여호와를 기뻐하는 것이 우리의 힘이 되는 이유를 묵상해보세요.

나이가 들고 몸이 쇠약해질수록 우리는 자연적인 힘이 아니라 영적인 즐거움으로부터 오는 힘을 얻기 위해 노력해야 합니다. 청교도 목사인 리처드 백스터는 이렇게 기도했습니다.

"성도들의 분깃과 평안이 되시는 살아 계신 하나님, 우리의 세속적인 마음을 영적으로 만들어 주시고, 세상에 속한 마음을 하늘에 속한 마음으로 바꾸어 주셔서, 주를 사랑하고 주를 기뻐하는 것이 우리 인생의 과업이 되게 하소서."

제임스 패커는 백스터의 삶의 원동력을 이렇게 묘사했습니다. "하늘에 대한 소망이 그에게 기쁨을 가져다 주었고, 그 기쁨은 힘을 주었다. 그 전에 살았던 요한 칼빈과 그 후에 살았던 조지 휫필드도 그러했으며, 사도 바울도 그러했을 것이다."

청교도 목사 매튜 헨리는 이렇게 말했습니다. "주를 기뻐하는 것은 영적인 대적의 공격에 대하여 우리를 무장시켜 주며, 사탄이 미끼로 유혹하는 쾌락을 맛보지 않도록 우리의 입을 지켜 줄 것이다."

5 "기쁨이 먼저인가, 소원이 먼저인가?" 당신의 생각은 어떻습니까? 이 질문에 대한 대답이 그 사람의 신앙의 현주소를 보여줍니다. 세상은 소원이 이루어지니까 즐거워합니다. 그러나 성경은 다른 차원의 우선순위를 말씀합니다.

다음 구절을 통해서 이 사실을 확인해보세요. 어떻게 하면 우리의 신앙이 소원보다 기쁨을 우선순위에 둘 수 있는지를 생각해보고, 이를 위한 당신의 결심을 나누어보세요.

• 시 37:4

삶의 열매를 거두며

우리가 시시때때로 말씀 앞에 서야 하는 이유가 있습니다. 우리가 말씀 앞에 설 때 사탄은 무장해제 당합니다. 말씀의 저울 앞에서 우리는 자신을 살필 수 있습니다. 무엇보다 우리는 하나님의 말씀으로 창조되었기 때문에, 하나님의 말씀에 순종할 때 하나님이 원하시는 최고의 삶을 살 수 있습니다. 세상이 우리가 이러한 진리를 보지 못하게 유혹하고 우리의 마음을 흐리게 할 때, 우리의 연약함을 추슬러 다시 말씀 앞에 설 수 있도록 성령님의 도우심을 구하는 기도를 드립시다.

memo

성령을 한없이 부어주시리라

요엘 2:28-30

28 그 후에 내가 내 영을 만민에게 부어 주리니 너희 자녀들이 장래 일을 말할 것이며 너희 늙은이는 꿈을 꾸며 너희 젊은이는 이상을 볼 것이며

29 그 때에 내가 또 내 영을 남종과 여종에게 부어 줄 것이며

30 내가 이적을 하늘과 땅에 베풀리니 곧 피와 불과 연기 기둥이라

마음의 문을 열며

삶의 모든 것이 무너졌을 때, 세상은 먼저 자기를 추스르고 전문가를 찾으며, 새로운 관점으로 상황을 보라고 말합니다. 그렇다면 절망적 상황에서 지금 당신의 머리에 떠오른 탈출구는 무엇입니까?

우리는 하늘의 시민권을 가진 그리스도인입니다. 그럼에도 인생의 큰 문제 앞에서 우리의 태도는 세상이 취하는 방식과 같지는 않습니까?

오늘 본문은 어떤 상황에서도 그리스도인답게 살아가는 분명한 길, 세상은 상상조차 할 수 없는 방식을 보여주고 있습니다. 말씀 속에서 '성령으로 다시 시작하라'는 하나님의 음성을 들으며, 멈춘 삶이 새롭게 열리고 이전보다 더 크게 확장되는 은혜에 눈을 뜨는 시간이 되기를 바랍니다.

말씀의 씨를 뿌리며

1 28절의 "그 후에 내가 내 영을 만민에게 부어주리니"라는 말씀은 하나님께서 말세에 믿는 자들에게 주시는 예언입니다(행 2:17). 이 구절 속의 단어들로 다음을 연결해보고 이 말씀의 의미를 말해보세요.

내가 •   • 하나님의 심정

내 영을 •   • 하나님의 충만하심

부어 •   • 하나님의 절대 주권

주리니 •   • 성령님

2 사도 베드로가 본문의 구절을 인용하여 한 오순절 성령강림 설교 속에는 '성령님을 통해 이제 새로운 시대가 열렸다'라는 전천후적 선포가 담겨 있습니다. 성령님을 통하여 누구든지 하나님의 이름을 부르는 자에게 주시는 복은 무엇입니까?

· 욜 2:31-32

3 '인생의 해가 어두워지고 미래의 달이 핏빛으로 변하는' 두려운 상황에서도 하나님을 찾는 자는 성령님의 임재 가운데 구원을 받습니다. 하나님의 자녀에게는 어떤 경우에도 성령으로 다시 시작할 수 있는 은혜가 있습니다. 다음 구절 속에서 우리의 형편이나 상황이 어떠하든지 우리가 성령으로 다시 시작할 수 있는 이유를 찾아 정리해보세요.

· 사 32:15

· 겔 37:14

4 인생의 절망 속에서도 성령님의 불이 임하면 언제 어디서나 다시 시작할 수 있습니다. 다음 글을 읽고 묵상해보세요.

불은 성령의 상징입니다. 누가복음 3장 16절은 "그는 성령과 불로 너희에게 세례를 베푸실 것이요"라고 말씀합니다. 불은 하나님을 대적하는 모든 것을 소멸합니다. 성령의 불은 우리 속의 죄를 태우고, 절망을 태우고, 꼬이고 망가진 인간관계를 태웁니다.

히브리서 12장은 독특한 구조를 가지고 있습니다. 1절과 2절에서 인내로써 믿음의 경주를 하며 온전케 하시는 예수를 바라보자로 시작하여 마지막 절인 29절은 "우리 하나님은 소멸하는 불이심이라"로 끝납니다. 우리가 이 땅에서 믿음의 경주를 하며 예수님을 바라보는 삶을 살기 위해서는 인간의 애씀이나 노력만으로는 불가능하며, 반드시 하나님의 불이 있어야 한다는 것입니다.

지금 삶이 위태하고 절망 속에 있습니까? 우리의 모든 장애와 문제를 태우시는 하나님의 불, 성령의 불로 다시 시작하십시오.

5 오늘 본문은 인종, 남녀노소, 계층의 차별 없이 하나님의 백성에게 성령님을 부어주신다는 사실을 알려줍니다. 성령이 임하시면 누구든지 구원을 받습니다. 지금 우리 가운데 하나님 외에는 도울 수 없는 상황에 있는 분이 있습니까? 어떻게 하면 성령으로 다시 시작할 수 있을까요? 당신의 생각과 결심을 나누어보세요.(참고. 롬 8:10-11)

삶의 열매를 거두며

예수님을 주님으로 고백하는 하나님의 자녀에게는 성령의 기름부으심으로 문제를 해결할 수 있는 은혜가 있습니다. 그럼에도 많은 성도들이 이 놀라운 은혜를 누리지 못하는 것은 사탄의 지독한 방해와 치밀한 계략 때문입니다. 우리가 사탄의 속임수에 빠지지 않고 어떤 경우에도 하나님을 찾고 주님의 이름을 부를 수 있도록 성령님의 도우심을 구하는 기도를 드립시다.

memo

이보다 큰 일도 하리니

요한복음 14:12-18

12 내가 진실로 진실로 너희에게 이르노니 나를 믿는 자는 내가 하는 일을 그도 할 것이요 또한 그보다 큰 일도 하리니 이는 내가 아버지께로 감이라

13 너희가 내 이름으로 무엇을 구하든지 내가 행하리니 이는 아버지로 하여금 아들로 말미암아 영광을 받으시게 하려 함이라

14 내 이름으로 무엇이든지 내게 구하면 내가 행하리라

15 너희가 나를 사랑하면 나의 계명을 지키리라

16 내가 아버지께 구하겠으니 그가 또 다른 보혜사를 너희에게 주사 영원토록 너희와 함께 있게 하리니

17 그는 진리의 영이라 세상은 능히 그를 받지 못하나니 이는 그를 보지도 못하고 알지도 못함이라 그러나 너희는 그를 아나니 그는 너희와 함께 거하심이요 또 너희 속에 계시겠음이라

18 내가 너희를 고아와 같이 버려두지 아니하고 너희에게로 오리라

마음의 문을 열며

언제부터인가 한국교회 내에 회의주의, 패배주의, 비관주의가 비집고 들어왔습니다. 이것은 성도들의 삶에도 깊이 스며들어 신앙을 냉소적으로 만들고 있습니다. 냉소주의에 물들면 그 누구라도 더 이상 하나님의 시각으로 미래를 꿈을 꿀 수 없습니다.

오늘 본문은 마귀가 던져 놓은 회의주의, 패배주의, 비관주의, 냉소주의의 덫을 부수는 놀라운 진리를 선포하고 있습니다. 아무쪼록 말씀 속에서 우리의 영이 크게 활력을 얻고 다시금 하나님 나라를 위한 꿈을 회복하는 가슴 뛰는 시간이 되기를 바랍니다.

말씀의 씨를 뿌리며

1 예수님은 이제 세상을 떠나 아버지께로 가실 때가 되었고(요13:1), 십자가를 지시기 전 제자들과 마지막 만찬을 가졌습니다. 제자들은 예수님의 말씀 속에서 그들이 감당할 수 없는 어려운 상황에 직면하게 될 것을 예감했습니다. 제자들이 두려워하고 불안해하는 것을 보시고 예수님은 어떤 말씀으로 그들을 위로하고 계십니까?

- 16-18절

2 예수님은 본문 12절에서 "나를 믿는 자는 내가 하는 일을 그도 할 것이요 또한 그보다 큰 일도 하리라"라는 경천동지할 말씀을 하셨습니다. 우리가 어떻게 예수님보다 큰 일을 할 수 있을까요? 다음의 관점에서 이 말씀을 생각하고 대답해보세요.

- 사역의 규모

- 사역의 대상

- 사역의 방식

3 우리는 질적으로 주님보다 더 큰 일을 할 수는 없지만, 시간적, 공간적, 양적으로 주님이 하신 것보다 더 큰 일을 할 수 있습니다. 그런데 이를 위해서 가장 먼저 요구되는 것은 사명의 열정입니다. 다음 구절을 하나님의 뜻을 이루고자 하는 열렬함의 관점에서 읽고 당신의 말로 풀어서 말해보세요.

- 왕하 13:17-19

4 예수님을 구주로 믿는 우리가 예수님보다 더 큰 일을 할 수 있다는 것은 무슨 의미일까요? 다음 글을 읽고 묵상해보세요.

> 우리가 무슨 능력이 있어서 큰 일을 행하는 것이 아니라, 이 약속의 말씀을 주신 분이 크시기 때문에 큰 일을 할 수 있는 것입니다. 그러므로 "그보다 큰 일도 하리니"라는 말씀을 받을 때에 '내가 어떻게 예수님보다 큰 일을 할 수 있겠는가?'라고 반문한다면 그것은 자신에게 초점을 맞춘 잘못된 질문입니다. '나는 비록 부족하지만, 이 말씀을 하신 분이 크신 예수님이시기 때문에 내가 큰 일을 할 수 있다'라고 생각해야 합니다.
>
> 데이비드 플랫은 "그보다 큰 일도 하리니"라는 말씀을 성령의 양적인 특성을 염두에 둔 표현이라고 말합니다. "예수님이 계셨을 때는 어떤 지역의 제한된 사람에게 하나님의 영이 임했지만, 예수님의 승천 이후에는 그리스도의 모든 제자들에게 임하시고 믿음의 공동체 전체에 넘치도록 임하심으로, 주님의 사역에서 볼 수 있었던 모습과는 비교할 수 없을 만큼 광범위하다. 전 세계의 수없이 많은 사람들이 복음을 듣고 죄의 사슬에서 벗어나고 있다. 온갖 중독 증세와 질병을 이겨내고 있다. 하나님의 영이 온 천지에 있는 주님의 백성들 위로 폭포수처럼 쏟아져 내리고 있기에 가능한 일이다."*

---

* 데이비드 플랫, 《레디컬 투게더》, 두란노, 114-115쪽

5 주님이 하신 일보다 더 큰 일을 할 수 있다는 것이 우리 생애의 목표가 되고, 여기에 생명을 걸면 놀라운 부흥의 역사가 일어납니다. 왜냐하면 이 말씀 속에는 "너희가 나보다 더 큰 일을 할 수 있도록 하나님께서 너희를 위해 준비하신 모든 신령한 자원을 삶으로 경험하라"는 뜻이 담겨 있기 때문입니다.

주님이 하신 일보다 더 큰 일을 하기 위해 당신에게 필요한 것이 무엇인지 생각해보고, 이를 경험하기 위한 당신의 결심을 말해보세요.

삶의 열매를 거두며

사탄은 지금도 온갖 계략으로 우리가 하나님 나라의 일을 꿈꾸지 못하게 방해하고 있습니다. 어떻게 하면 사탄이 뿌려놓은 냉소주의를 깨뜨리고 주님의 큰 일을 할 수 있을까요? 우리가 그리스도인으로서 큰 일을 할 수 있도록 하나님께서 준비하신 "각양 좋은 은사와 온전한 선물"(약 1:17)을 제대로 사용하지 못하고 죽는다면 이처럼 안타까운 낭비가 또 있을까요? 우리가 일마다 때마다 사명의 열정으로 하나님께서 예비하신 신령한 자원들을 사용할 수 있도록 성령님의 도우심을 구하는 기도를 드립시다.

memo

국제제자훈련원은 건강한 교회를 꿈꾸는 목회의 동반자로서 제자 삼는 사역을 중심으로
성경적 목회 모델을 제시함으로 세계 교회를 섬기는 전문 사역 기관입니다.

언제든지 다시 시작할 수 있다

초판 1쇄 인쇄 2024년 2월 23일
초판 1쇄 발행 2024년 3월 2일

지은이 오정현
표지 디자인 박세미

펴낸이 박주성
펴낸곳 국제제자훈련원
등록번호 제2013-000170호(2013년 9월 25일)
주소 서울시 서초구 효령로68길 98(서초동)
전화 02)3489-4300 **팩스** 02)3489-4329
이메일 dmipress@sarang.org

ISBN 978-89-5731-894-2 04230